はじめに

　本書を手に取られるのは、「部活動指導員」に興味がある学生や社会人の方々、または既に部活動指導に関わっている方々だと思います。「部活動指導員」に興味がある皆さんは、きっと青春時代を部活動で過ごした方が多いのではないでしょうか。学校には数多くの運動部や文化部があります。日本の部活動の制度は、世界的に見ても特記すべきものです。誰もが身近な学校という場で、他学年と共に、長時間・長期間にわたり、安価に多様な活動が保障されていることは、世界でもそれほど多くはなく、素晴らしい制度なのです。

　一方で、少子化や教員の多忙化が進む中、部活動の運営を負担に感じる教員も増えてきました。教員の負担感を象徴するがごとく、近年「ブラック部活」という言葉を耳にするようになりました。今まで、「青春の部活動」という言説ゆえに見えてこなかった部活動の「負の部分」が顕在化されてきたのです。顧問、保護者、生徒のそれぞれの立場から部活動の精神的負担、経済的負担、肉体的負担、運営の課題など数多くの問題が指摘されるようになりました。

　部活動を廃止してしまうことは簡単ですが、それが本当に生徒にとって、教員にとってプラスになるといえるでしょうか。部活動を通した学びや生きがいは、私たちの記憶に深く刻まれており、それほどまでに部活動とは情熱を注ぐことができる対象であるからです。

◆期待される「部活動指導員」

　2020年現在、日本の部活動は大きな転換点に差しかかっているといえるでしょう。今後日本の部活動が、学校を基盤とした現状を維持するのか、より地域に根ざしたモデルを選択していくのかはまだ分かりません。しかし、

少なくとも現在の部活動の問題点を打開する、新しい試みとして期待されているものが、「部活動指導員」なのです。

　「部活動指導員」への社会的期待は大変高いといえます。今までにも既に「部活動指導員」と類似する制度として「外部指導員」というものがありました。「外部指導員」は部員に技術の提供はできるのですが、大会への引率等はできませんでした。そこで、さらに大会への引率等も可能な、学校設置者（県・市区町村）の任用による非常勤職員である「部活動指導員」が導入されたのです。

　市区町村によっては、「部活動指導員」に部活動のみではなく日常的な教員の補助や生徒指導も期待しています。それほど、学校現場は「部活動指導員」を強く待ち望んでいるのです。「部活動指導員」という新しい風が学校の中に吹き込むことで、日本の教育に化学変化が起こるかもしれません。「部活動指導員」の人間性や技術力が、多感な時期の子どもたちに大きな影響を与えることは間違いないのです。

　別の側面として、アスリートや文化人の方々にとっては、この「部活動指導員」は地域貢献の機会であるとともに、セカンドキャリアとしての意味も持っています。今まで培った経験を生かせる制度として、アスリートや文化系の専門家にとっても「部活動指導員」への期待は高いのです。

◆「部活動指導員」の専門性

　このように、社会から、学校から、生徒や保護者から期待されている「部活動指導員」ですが、その専門性を生かすためには、専門家としての位置づけが明確でなければなりません。そのことが、最終的に、専門家としての立場や待遇面での保障にもつながっていくと思われます。

　それでは、「部活動指導員」の専門性とはどのようなものなのでしょうか。競技者や文化人としての専門性、民間のコーチとしての専門性とはどこが異なるのでしょうか。競技者や文化人と共通するものは技術力、民間のコーチ

と共通するものは顧客へのサービス提供力、教員と共通するものは、生徒指導力や学校経営力であるといえるでしょう。そして、これらすべての力を兼ね備えることが「部活動指導員」の独自性であり、専門性であるといえるかもしれません。

　皆さんは、これから本書を通して「部活動指導員」としての専門性を高めていくことになります。「部活動指導員」は、部活動を通して、生徒たちの人生に関わることができます。また、学校教育に貢献でき、大会や作品などを通して、多くの人々に感動を与えることができ、自らも成長できるのです。それらの経験は、ご自身のキャリアや人生の糧になっていくでしょう。とはいうものの、実際に部活動に関わる中では、想像以上の困難に直面するかもしれません。その時こそ、本書に書かれていることを振り返っていただけると嬉しく思います。

◆本書の企画にあたって

　本書の企画にあたっては、実際にフィールドを持って指導に関わっておられる方々を中心に執筆を依頼しました。部活動の顧問、外部指導者、教員、校長、教育委員会、民間のスクール、全国中学校体育連盟、アダプティッドスポーツなど多方面で活躍されている方々です。

　私たち編者3人（藤後・大橋・井梅）は、10年以上子どもたちのスポーツに関する研究を行ってきました。もちろん、私たち自身も部活動には深く関わってきましたし、我が子を通して親としても部活動を応援してきました。私たちの研究および実践は、保護者の視点を取り入れながら、子どものスポーツに関する親子関係、親同士の関係、ハラスメントに関連する研究、森田療法を取り入れたメンタルトレーニング、絵本教材の作成など幅広く行っております。森田療法を取り入れたメンタルトレーニングワークシートや「Player's First（コーチ編）」というスポーツ・ハラスメント防止のための動画教材は無料で活用できますので、興味がある方は私たちのホームページ

（https://togotokyo101.wixsite.com/mysite）をご覧ください。

　私たちは、研究を通して、そして実体験を通して、部活動の素晴らしさを実感していますし、同時に問題点も目の当たりにしてきました。部活動が持つ「負の部分」を改善することを願っているからこそ、本書の中では、教訓的な内容を記載している部分もあります。また、ガイドラインや学習指導要領のことなどを何度か重複して取り上げたりもしています。今後「部活動指導員」として活躍される皆さんには、学校の一員であるという自覚をしっかりと身につけていただくこと、そして既に指摘されている部活動や外部指導員に関する問題点を改善していただくことで、学校、生徒、保護者、地域の人々の信頼を得ていただきたいと願っています。本書が皆さんの「部活動指導員」としてのご活躍の一助になることを、心より期待しております。

　最後になりますが、私たちの想いを受け止め、出版の機会を与えてくださったミネルヴァ書房様、編集のご協力をいただいたエディット様には、心より感謝申し上げます。皆様のお力添えがなければ本書が出版されることはなかったと思います。「部活動指導員」のご活躍を筆者一同心よりお祈り申し上げ、ご挨拶とさせていただきます。

執筆者代表　藤後悦子

目　次

第1章　今どきの学校事情

学習のポイント

● 「学校教育の現状」「学校の組織と教員の職務」を理解
する
● 学校と地域が協働する意義について考える

　皆さんが学校を卒業してから、何年が経過したでしょうか。現在の学校は、皆さんが抱く学校のイメージと合致しているでしょうか。

　この章では、部活動指導員の心得へと進む入り口として、今どきの学校事情を学びます。特に、学校の組織と教員の職務についての理解を深めましょう。

1　学校教育の「今」

1　教育改革の10年サイクル──学習指導要領の変遷

　新聞やテレビからは、毎日のように学校教育に関係するニュースが発信されています。それだけ、学校への関心が高いことが分かります。「いじめ」「不登校」「学力低下」「体罰」などの言葉は、いつの時代も大きく取り上げられているように思われます。

　一方、その時代ごとに、特にインパクトのある教育ニュースというものがあります。時には、それが社会問題となるくらいさまざまなメディアで取り上げられます。

　学校は、そのような問題をそのまま放置しているわけではありません。およそ10年ごとに学校教育に関する方針を定め、改善に努めています。それが「学習指導要領」です。この「学習指導要領」に基づいて、教育

表1-1 学習指導要領（中学校）の変遷とキーワード

〈学習指導要領とは〉 文部科学省が定める教育課程（カリキュラム）の基準であり、全国どこの学校でも、学習指導要領に基づいて教育課程が編成される。	改訂年	キーワード
	1977	ゆとりある充実した学校生活
	1989	心豊かな人間の育成、道徳教育の充実
	1998	生きる力、「総合的な学習の時間」の新設
	2007	授業時数の増加、武道・ダンスの必修化
	2017	プログラミング教育、道徳の教科化

筆者作成

が展開されるのです。表1-1 は、各時代の学習指導要領の特色をキーワードで表したものです。

　2007年改訂では、中学校の「武道・ダンス」が必修化されるということが注目されました。「武道」については、伝統・文化を大切にしようという視点から導入されましたが、中学校の現場では指導者や教育環境が必ずしも整備されておらず、一部混乱が生じました。最新の改訂（2017年）では「プログラミング教育」の導入が決まり、中学校では2021年度から全面実施されることになりました。

　新しい取り組みが始まるからといって、これまでの取り組みがなくなるわけではありません。学習指導要領の変遷から、多様な教育課題が増え続けている現状がうかがえるでしょう。

② 中学校の一日（朝練、授業、生徒指導、放課後練習）

　それでは、現在の中学校の一日を見てみましょう。まず、表1-2 に生徒の学校生活の一例を示しました。部活動の朝練から放課後練習まで、長い時間を学校で過ごしていることが分かります。学習指導要領の改訂（2007年）により、授業時数が週に1コマ増え、学習内容も10％増加しました（主要5教科と体育）。今どきの中学生は、とても忙しい学校生

表1-2 A中学校の日課表と時間割

日課表（6時間授業の場合）	
部活動朝練・朝学習	
HR	8:30～　8:45
1校時	8:55～　9:45
2校時	9:55～10:45
3校時	10:55～11:45
4校時	11:55～12:45
昼食・休憩	12:45～13:25
5校時	13:30～14:20
6校時	14:30～15:20
HR	15:40～16:00
部活動	（夏季）18:00 下校
放課後練習	（冬季）17:00 下校

筆者作成

時間割					
	月	火	水	木	金
1	国語	国語	国語	総合	総合
2	英語	英語	英語	英語	美術
3	数学	数学	数学	数学	道徳
4	理科	理科	社会	社会	特活
5	理科	理科	社会	社会	技術家庭
6	体育	体育	体育	音楽	

※中学3年生の時間割を、各教科の週当たりの時数が分かりやすいように作成した。

活を送っているのです。

　それでは、教員はどうでしょうか。「○○先生に用事があって連絡しても、なかなか電話がつながらない」といった声を耳にします。表1-3は、ある学校の先生に「平均的な一日」を書いてもらったものです。朝は、部活動の朝練指導から始まり、教員打ち合わせの後、担当する授業となります。その後、給食指導・清掃指導・校内巡回、放課後は会議があり、部活動の指導も行います。日によっては、緊急に生徒指導が必要となることもあります。生徒が下校してからは、学校に残って事務処理と授業準備……。とても忙しい毎日を送っていることが分かります。

　教育課題が複雑化し、教員に求められることが膨大になるということは、教員の一日に余裕がなくなってくるということなのです。

3

表1-3 B先生の一日（中学校）

時刻	内容	時刻	内容
7:00	学校到着	～15:30	授業、下校指導、委員会
～ 8:00	部活動朝練指導	～18:00	部活動指導、打ち合わせ、研修会（場合によって、保護者との面談や地域巡回を行うこともある。）
～ 8:40	朝打ち合わせ、授業準備、出席確認		
～12:30	授業、校内巡回、打ち合わせ		
～13:30	給食指導、清掃指導	～20:00	授業準備、事務作業

筆者作成

2 学校の組織

1 学校の組織（職階）

　「学校の先生」というと、どんなイメージが浮かぶでしょうか。教員の組織体制は、大きく「職階」と「校務分掌」の2つによって構成されています。

　「職階」とは役職の階級のことで、一般企業でいうところの「社長」や「専務」といった役職構成と考えれば分かりやすいかもしれません。学校の場合、校長・副校長・教頭・主幹教諭・教諭・講師などがあります。これは学校教育法で定められており、どの学校でも基本的には変わりません。特に、校長の職務が「校長は、校務をつかさどり、所属職員を監督

する」（学校教育法第 37 条第 4 項）と定められていることは覚えておか
なければなりません。つまり、学校の最高責任者は校長であるというこ
とです。もし、あなたが部活動に関わる新しい企画を考えたとしたら、
必ず校長の許可を得なければならないのです。

② 学校の組織（校務分掌）

　学校では日々さまざまな仕事が行われており、その内容は多岐にわた
ります。こうした学校で行われる仕事のことを「校務」といい、誰が何
を担当するかは、年度ごとに校長が決めています。これを「校務分掌」
といいます。校務分掌は校長が決めるため、学校によって内容は異なり
ますが、大まかな役割や組織図はどの学校も変わりません。

図1-1　中学校　校内組織図（例）

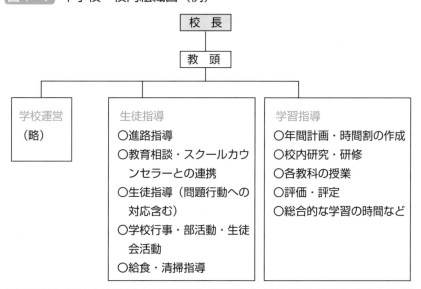

※文部科学省 学校における働き方改革特別部会（平成 29 年 10 月 20 日 第 6 回）資料 5-2「学
　校の組織図（例）」を参照しながら、学校現場の実情を踏まえて筆者が作成した。なお、「教務」「庶
　務」などの用語を使用せず、「学習指導」「生徒指導」「学校運営」の 3 つに単純化して表した。

ここでは文部科学省の資料をもとに、校務分掌について詳しく紹介しましょう。図1-1は、ある中学校の校務を図式化した「校内組織図」です。校務は大きく３つに分けることができます。

　「学習指導」に関するものとは、日常の授業、教科指導や年間指導計画の作成などが挙げられます。「生徒指導」に関するものとは、進路指導や教育相談など、学習以外で生徒たちを指導する必要のある内容が含まれます。部活動は、生徒指導に関する校務分掌に位置づけられます。「学校運営」に関するものとは、いわゆる学校事務に関する仕事のことです。電気、水道、ガスなどの管理や学校にある教室やプールなどの施設の管理、また、カーテンやチョークなどの備品管理もこちらに含まれます。

　これらのうち、教員の中心的業務として捉えられているのが「学習指導」に関するもの、そして「生徒指導」に関するものです。どちらも重要な校務ですが、多くの仕事を抱える教員だけでは、それらに十分な時間を割くことが難しく、大きな課題となっています。

3　学校と地域のチーム

1　多様な業務と教育課題

　以上見てきたように、学校は組織として機能し、教育課題の解決にあたっています。しかし、教育の問題が複雑化するようになり、これまでの学校の組織体制では解決が困難な状況に陥りました。

　多くの人は、○○教育という言葉を聞いたことがあるでしょう。環境教育、国際理解教育、特別支援教育などです。近年では、プログラミング教育や法教育、食育なども重要視されてきています。世界情勢や学校の置かれた役割・環境が目まぐるしく変わる中で、多様化した課題を教員だけで解決することが難しくなってきています。

② 「チームとしての学校」の提唱

　こうした課題を解決するために、文部科学省はこれまでの学校組織や業務の在り方を見直す「チームとしての学校」という考え方を提唱しました。図1-2 は、「チームとしての学校」のイメージを表現したものです。校長がリーダーシップを取りながら、教員だけでなく、さまざまな専門家が一つのチームとなって協働することで、生徒たちに本当に必要な「生きる力」を身につけさせることをねらいとしています。

図1-2 「チームとしての学校」像（イメージ図）

※文部科学省 中央教育審議会「チームとしての学校の在り方と今後の改善方策について（答申）」（平成27年12月21日）をもとに筆者が作成した。

チームとしての学校の在り方を検討するには、「専門性に基づくチーム体制の構築」「学校のマネジメント機能の強化」「教職員一人一人が力を発揮できる環境の整備」という３つの視点が必要とされています（文部科学省、2015）。ここでは、その中の「専門性に基づくチーム体制の構築」について考えてみましょう。

　欧米諸国では、実際に専門家を配置することで、教員が本来の職務に従事しやすい環境を作っています。一方、日本の教員は欧米諸国に比べて勤務時間が長いにもかかわらず、生徒と向き合う時間が少ない傾向にあります。そのため、日本でもこうした取り組みが必要なのではないかと指摘されているのです。

　これまで学校では、学習指導だけでなく、部活動指導や医療ケア、図書館管理や生徒たちの心のケアまで、ほぼすべてを教員が担当していました。しかし、これでは教員の本来的な業務に十分な時間を割くことができず、教育の質の低下につながってしまいます。そのため、「チームとしての学校」では教員に限らず、スクールカウンセラーや学校司書、看護師など、各分野の専門スタッフと連携しながらチームで対応することで、教育の質を確保し、教員が生徒たちと向き合う時間を作ることを提唱しています。そのチームの一員として、部活動における専門性を期待されているのが部活動指導員なのです。

　とりわけ部活動に関しては、外部人材の活用に大きく期待が寄せられています。専門的なスキルを持ったコーチが、教育的な知識を獲得した上で、教員と連携しながら生徒たちの指導にあたる、このようなビジョンが示されているのです。

　学校は現在さまざまな教育課題を抱えており、今後「チームとしての学校」を実現することが必要です。部活動指導員を含む専門スタッフは、そのチームの一員として、部活動指導などの専門的な校務を担っていくことが期待されます。

復習問題

❶　学校の校務分掌の大きな柱である 2 つの校務を答えましょう。また、「部活動」はどちらの校務に入りますか。

❷　「チームとしての学校」とは、どのような意味ですか。**A〜C** から適当なものを選びましょう。
    A　学校の教員が一つのチームとなること
    B　学校の内部に課題解決のグループを作ること
    C　学校に専門家や外部人材を取り入れ、課題を解決するチームを構成すること

❸　部活動の最高責任者は誰ですか。**A〜D** から適当なものを選びましょう。
    A　部活動のコーチ
    B　部活動の顧問（教員）
    C　生徒指導部の主任教員
    D　校長

第2章　部活動の位置づけ

> **学習のポイント**
> ● 学校とスポーツに関する法規について理解する
> ● 「学習指導要領と部活動」「課外活動と部活動」について理解する

　この章では、日本において学校とはどのような役割を果たす場であるのか、ということについて、法的な側面から理解を深めていきましょう。その上で、部活動はどのように位置づけられているか、また、指導員として心得なければならないことは何かを考えましょう。

1　学校に関する法規

1　法規から学校について考える

　まず、私たちは日本という法治国家で生活を営んでいます。そのため、守るべき最高位の法律は "日本国憲法" です（ 図2-1 参照）。日本国憲法第3章には「国民の権利及び義務」が示されており、国民の三大義務として「教育」「勤労」「納税」が定められています。学校は、この教育を行う一つの機関です。そして、教育について定めている法規が "教育基本法" です。すなわち、日本という国の教育の形を示した法律が、教育基本法であるということです。

　この教育基本法は4章から構成され、第2章には、「義務教育」「学校教育」「大学」「私立学校」「教員」「家庭教育」「幼児期の教育」「社会教育」「学校、家庭及び地域住民等の相互の連携協力」「政治教育」「宗教教育」が項目として示されています。

図2-1　法規と学校教育の関係について

日本国憲法	教育を受ける権利、義務教育について規定。
教育基本法	教育の目的、教育の目標、教育の機会均等、義務教育、学校教育、大学、家庭教育、社会教育等を規定。
学校教育法	各学校段階ごとの目的、目標、修業年限を規定。また、教科に関する事項は文部科学大臣が定めることを規定。
学校教育法施行規則 （文部科学省令）	各学校段階ごとの各教科等の構成、年間標準授業時数を規定。また、教育課程の基準として文部科学大臣が別に公示する学習指導要領等によることを規定。
学習指導要領 （文部科学省告示） ※幼稚園は幼稚園 教育要領	**全国的に一定の教育水準を確保する**などの観点から、各学校が編成する教育課程の基準として、国が学校教育法等の規定に**基づき各教科等の目標や大まかな内容**を告示として定めているもの。教育課程編成の基本的な考え方や、授業時数の取扱い、配慮事項などを規定した**総則**と、**各教科、道徳及び特別活動の目標、内容及び内容の取扱い**を規定。
学習指導要領解説 ※幼稚園は幼稚園 教育要領解説	大綱的な基準である学習指導要領等の総則及び各教科等の記述の意味や解釈など詳細について説明するために文部科学省が作成。
指導資料・事例集等	学習指導要領等を踏まえた指導を行う際に参考となる資料、事例等をまとめたもの。
学校管理規則 （教育委員会規則）	法令や条例等に反しない範囲で、教育委員会が、教育課程について必要な規則（授業日数、教育課程の編成や行事、教材使用等の手続きなど）を定めることを規定。

出典：文部科学省 教育課程部会 総則・評価特別部会（平成 28 年 2 月 24 日 第 5 回）参考資料 2

これらが教育の基本として法規に示されていることからも、部活動の指導者は「学校の部活動指導」という狭い意識ではなく、「教育の役割を果たす部活動指導」という意識を持つ必要があるといえます。この場合の部活動には、運動部や文化部といった区別はありません。

　学校が教育の場としての機能を果たすために、学校教育法および学校教育法施行規則があります。さらに、学校教育の中で何が行われるのか、という中身を示したものが学習指導要領であり、さらに細かく具体的に表したものが学習指導要領解説となります。

　部活動指導員としての役割を担うためには、まず、広く教育を担うという自覚を持つことが大切です。その上で、教育の中のどのような役割を果たす責任があるのかについて、法規を基にした構造を念頭に置いておきましょう。

② スポーツに関する法規について

　次に、部活動の中でも運動部について話をしておきたいと思います。

　運動部で行うのは、基本的にはスポーツが中心となります。スポーツは、教育として果たす役割もありますが、すべての国民が等しく享受することができる文化の一つでもあります。

　東京オリンピック・パラリンピックの誘致もあり、2011 年には "スポーツ基本法" が制定されました（ 表2-1 参照）。これは、1961 年に定められたスポーツ振興法を大きく改正したものであり、同時にスポーツ庁が誕生しました。そして、このスポーツ基本法に沿って「スポーツ基本計画」が策定され、日本のスポーツが変わるチャンスを迎えています。スポーツ基本法の基本理念は 8 つ示され、スポーツの価値や意義、さらにはどのようにその役割を果たしていくのかが示されています。

　こうした動きの背景には、日本ではスポーツが基本的権利として明文化されてこなかったということがあります。日本国憲法にはスポーツに関する権利について明記した条文がないため、憲法第 13 条・第 25 条・

表2-1　スポーツ基本法 第2条「基本理念」（要約）

①スポーツを通じて幸福で豊かな生活を営むことが人々の権利であることに鑑み、国民が生涯にわたりあらゆる機会と場所において、自主的・自律的に適性や健康状態に応じてスポーツを行うことができるようにする

②青少年のスポーツが国民の生涯にわたる健全な心と身体を培い、豊かな人間性を育む基礎となるものであるとの認識の下に、学校、スポーツ団体、家庭及び地域における活動を相互に連携

③地域において、主体的に協働することによりスポーツを身近に親しむことができるようにするとともに、スポーツを通じて、地域の全ての世代の人々の交流を促進し、交流の基盤を形成

④スポーツを行う者の心身の健康の保持増進、安全の確保

⑤障害者が自主的かつ積極的にスポーツを行うことができるよう、障害の種類及び程度に応じ必要な配慮をしつつ推進

⑥我が国のスポーツ選手（プロスポーツの選手を含む。）が国際競技大会等において優秀な成績を収めることができるよう、スポーツに関する競技水準の向上に資する諸施策相互の有機的な連携を図りつつ、効果的に推進

⑦スポーツに係る国際的な交流及び貢献を推進することにより、国際相互理解の増進及び国際平和に寄与

⑧スポーツを行う者に対する不当な差別的取扱いの禁止、スポーツに関するあらゆる活動を公正かつ適切に実施することを旨として、スポーツに対する国民の幅広い理解及び支援が得られるよう推進

出典：文部科学省「スポーツ基本法 リーフレット」

第26条（表2-2）などを間接的な根拠として、スポーツを基本的人権の一つとして考えてきました。

表2-2 日本国憲法でスポーツの権利と関係がある条文

第13条〔個人の尊重、生命・自由・幸福追求の権利の尊重〕	すべて国民は、個人として尊重される。生命、自由及び幸福追求に対する国民の権利については、公共の福祉に反しない限り、立法その他の国政の上で、最大の尊重を必要とする。
第25条〔生存権、国の生存権保障義務〕	1　すべて国民は、健康で文化的な最低限度の生活を営む権利を有する。 2　国は、すべての生活部面について、社会福祉、社会保障及び公衆衛生の向上及び増進に努めなければならない。
第26条〔教育を受ける権利、教育を受けさせる義務、義務教育の無償義務〕	1　すべて国民は、法律の定めるところにより、その能力に応じて、ひとしく教育を受ける権利を有する。 2　すべて国民は、法律の定めるところにより、その保護する子女に普通教育を受けさせる義務を負う。義務教育は、これを無償とする。

出典：市川須美子他『教育小六法 2020年版』学陽書房、2020年

　また、2015年第38回ユネスコ総会では「体育・身体活動・スポーツに関する国際憲章」が採択されています。ユネスコ（国際連合教育科学文化機関）とは、加盟する国民の教育、科学および文化の協力と交流を通じた国際平和と人類の共通の福祉の促進を目的とした国際連合の専門機関です。日本は58カ国で構成される執行委員会の参加国でもあります。

　そのユネスコは、1978年の第20回総会において「体育およびスポーツに関する国際憲章」を定め、スポーツ権は国際的には既に人間の有する基本的人権の一つであるとしました。そして、第38回総会では上記の憲章を採択し、その第1条で「体育・身体活動・スポーツの実践は、すべての人の基本的権利である」と定め、スポーツが基本的権利である

ことを明記しました。

　1990 年に発効し、日本が 1994 年に批准した「児童の権利に関する条約」（子どもの権利条約）では、子どもを権利を持つ主体として位置づけ、大人と同様一人の人間としての人権を認め、保護や配慮が必要な子どもの権利についても定めています。

　この条約の草案作成に参加したユニセフは、2018 年に「子どもの権利とスポーツの原則」を作成し発表しています。ここでは 10 の原則が提唱されました（表2-3）。原則 1 〜 6 は「スポーツ団体とスポーツに関わる教育機関、スポーツ指導者に期待されること」であり、原則 7 〜 8 は「スポーツ団体等を支援する企業・組織」、原則 9 は「成人アスリート」、原則 10 は「子どもの保護者」にそれぞれ期待されている内容となっています。

　また、この原則の前文には、「スポーツには、子どもの健全で豊かさに充ちた成長を促す大きな力と、その大きな影響力を通じて、世の中に広く積極的なメッセージを伝える力があります」と示されています。

表2-3 子どもの権利とスポーツの原則

1	子どもの権利の尊重と推進にコミットする
2	スポーツを通じた子どものバランスのとれた成長に配慮する
3	子どもをスポーツに関係したリスクから保護する
4	子どもの健康を守る
5	子どもの権利を守るためのガバナンス体制を整備する
6	子どもに関わるおとなの理解とエンゲージメント（対話）を推進する
7	スポーツ団体等への支援の意思決定において、子どもの権利を組み込む
8	支援先のスポーツ団体等に対して働きかけを行う
9	関係者への働きかけと対話を行う
10	スポーツを通じた子どもの健全な成長をサポートする

出典：公益財団法人 日本ユニセフ協会「子どもの権利とスポーツの原則（第3版）」2019 年

ユネスコやユニセフといった世界的に活動する団体においても、スポーツは文化として子どもたちの大切な権利であり、必要なものなのだという理解がなされています。その上で、私たちは日本の子どもたちの今を見つめていく必要があります。

　運動部活動指導を担うということは、子どもたちの日常におけるスポーツを保障するということになります。日本のスポーツ基本法は「スポーツは、世界共通の人類の文化である」という言葉から始まります。スポーツを軸に活動する運動部の指導者は、こういった提言に基づき、どのようなスポーツ指導でも、子どもたちには世界とつながる可能性があることを常に頭に留めておきましょう。

2　教育制度と部活動

　ここまで、広く憲法、またはスポーツに関係する国際憲章などについて解説してきました。ここからは、学校教育に絞って話をしていきます。

　学校教育として何が行われるのかという内容については、先述の通り学習指導要領に定められています。そこで、まずは学習指導要領における部活動の位置づけについて理解を深めましょう。

■1　学習指導要領における部活動の位置づけ

　学習指導要領は、学校教育の水準を確保するために国レベルで教育課程の基準を示したものです。そのため、各学校は学習指導要領に従って教育課程を編成し、実施しなければなりません。しかし、示された基準を生徒が達成することを義務づけているものではありません。すなわち、学校は学校教育法などに示された目標を達成する必要があり、そのための基準を学習指導要領は示しているのです。

　それでは、この学習指導要領の中で部活動はどのように扱われている

表2-4　学習指導要領における部活動の位置づけ

学校運営上の留意事項（第1章「総則」より）
1　教育課程の改善と学校評価、教育課程外の活動との連携等 （ア・イ略） ウ　教育課程外の学校教育活動と教育課程の関連が図られるように留意するものとする。特に、生徒の自主的、自発的な参加により行われる部活動については、スポーツや文化、科学等に親しませ、学習意欲の向上や責任感、連帯感の涵養等、学校教育が目指す資質・能力の育成に資するものであり、学校教育の一環として、教育課程との関連が図られるよう留意すること。その際、学校や地域の実態に応じ、地域の人々の協力、社会教育施設や社会教育関係団体等の各種団体との連携などの運営上の工夫を行い、持続可能な運営体制が整えられるようにするものとする。

出典：文部科学省「中学校学習指導要領（平成29年告示）」2017年
　　　文部科学省「高等学校学習指導要領（平成30年告示）」2018年

のでしょうか。中学校および高等学校の学習指導要領の内容を見ていきましょう（表2-4）。

　まず、学習指導要領における部活動の扱いについて、中学校と高等学校では全く同じ内容が書かれています。中学校と高等学校では、本来指導する生徒の年齢は異なり、発達段階や発育の状況も特徴的です。しかし、学習指導要領における部活動についての留意点に差異はないのです。このことが、どのように部活動の指導をすればよいのかという判断が、指導にあたる教員や部活動指導員の裁量に任されてしまうような状況の一因にもなっています。

　この学習指導要領の内容から押さえておきたいのは、部活動は教育課程外の活動であるということです。教育課程は、「各教科」「総合的な学習時間」「道徳」「特別活動」から編成されています。端的にいえば、教育課程とは学校の時間割に授業として示されている部分を指しています。部活動は時間割に含まれていませんし、授業として組み込まれても

いません。すなわち、部活動は学校教育の一環ではあるものの、時間割には現れない、教育課程外の活動であるということです。

　また、学習指導要領解説においても、中学校と高等学校では部活動について同じように示されています（表2-5）。

表2-5 学習指導要領解説における部活動に関する規定

教育課程外の学校教育活動と教育課程との関連（第3章より）

　部活動の指導及び運営等に当たっては、第1章総則第5の1ウ（第1章総則第6款1ウ）に示された部活動の意義と留意点等を踏まえて行うことが重要である。（中略）

　中学生（高校生）の時期は、生徒自身の興味・関心に応じて、教育課程外の学校教育活動や地域の教育活動など、生徒による自主的・自発的な活動が多様化していく段階にある。少子化や核家族化が進む中にあって、中学生（高校生）が学校外の様々な活動に参加することは、ともすれば学校生活にとどまりがちな生徒の生活の場を地域社会に広げ、幅広い視野に立って自らのキャリア形成を考える機会となることも期待される。このような教育課程外の様々な教育活動を教育課程と関連付けることは、生徒が多様な学びや経験をする場や自らの興味・関心を深く追究する機会などの充実につながる。

　特に、学校教育の一環として行われる部活動は、異年齢との交流の中で、生徒同士や教員と生徒等の人間関係の構築を図ったり、生徒自身が活動を通して自己肯定感を高めたりするなど、その教育的意義が高いことも指摘されている。

　そうした教育的意義が部活動の充実の中のみで図られるのではなく、例えば、運動部の活動において保健体育科の指導との関連を図り、競技を「すること」のみならず、「みる、支える、知る」といった視点からスポーツに関する科学的知見やスポーツとの多様な関わり方及びスポーツがもつ様々な良さを実感しながら、自己の適性等に応じて、生涯にわたるスポーツとの豊かな関わり方を学ぶなど、教育課程外で行われる部活動と教育課程内の活動との関連を図る中で、その教育効果が発揮されることが重要である。

　このため、本項では生徒の自主的、自発的な参加により行われる部活動について、

① 　スポーツや文化及び科学等に親しませ、学習意欲の向上や責任感、連帯感の涵養、互いに協力し合って友情を深めるといった好ましい人間関係の形成等に資するものであるとの意義があること、

② 　部活動は、教育課程において学習したことなども踏まえ、自らの適性や興味・関心等をより深く追求していく機会であることから、第 2 章以下に示す各教科等の目標及び内容との関係にも配慮しつつ、生徒自身が教育課程において学習する内容について改めてその大切さを認識するよう促すなど、学校教育の一環として、教育課程との関連が図られるよう留意すること、

③ 　一定規模の地域単位で運営を支える体制を構築していくことが長期的には不可欠であることから、設置者等と連携しながら、学校や地域の実態に応じ、教員の勤務負担軽減の観点も考慮しつつ、部活動指導員等のスポーツや文化及び科学等にわたる指導者や地域の人々の協力、体育館や公民館などの社会教育施設や地域のスポーツクラブといった社会教育関係団体等の各種団体との連携などの運営上の工夫を行うこと、

をそれぞれ規定している。

　各学校が部活動を実施するに当たっては、本項や、中央教育審議会での学校における働き方改革に関する議論及び運動部活動の在り方に関する総合的なガイドライン（平成 30 年 3 月スポーツ庁）も参考に、生徒が参加しやすいよう実施形態などを工夫するとともに、生徒の生活全体を見渡して休養日や活動時間を適切に設定するなど生徒のバランスのとれた生活や成長に配慮することが必要である。その際、生徒の心身の健康管理、事故防止及び体罰・ハラスメントの防止に留意すること。

※ 下線部は 2 つの出典の相違点を表している。
出典：文部科学省「中学校学習指導要領（平成 29 年告示）解説 保健体育編」2017 年
　　　文部科学省「高等学校学習指導要領（平成 30 年告示）解説 保健体育編 体育編」2018 年

② 「運動部活動の在り方に関する総合的なガイドライン」について

　このガイドラインができた背景には社会環境の変化があり、特に少子化による生徒数の減少が影響しています。学校は教育機関ですから、その教育の対象となる子どもの変化に対応しなければなりません。ところが、友添（2018a）によると、生徒数の減少が原因で運動部活動の競技数が減ってしまい、生徒たちが希望通りの部活動に入れないということや、団体競技の大会に出られないということが起こっているそうです（図2-2 参照）。

　また、教員の長時間勤務の問題や、生徒への指導の中で生じる健康問題、事故やハラスメントといった問題も浮かび上がり、ガイドラインが制定されることになりました。このガイドラインの内容は 表2-6 のようにまとめられています。

図2-2 中学校の生徒数と運動部数

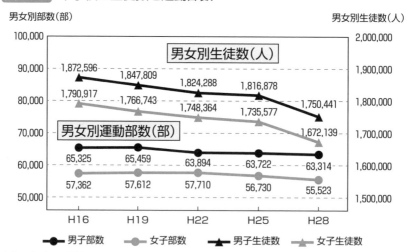

出典：友添秀則「変わる学校スポーツ　第1回」／日本スポーツ協会『Sport Japan』vol. 37、40-41頁、2018年

表2-6　「運動部活動の在り方に関する総合的なガイドライン」の主な内容

① 適切な運営のための体制整備
◆それぞれの学校で「学校の運動部活動に係る活動方針」を作成し、活動実績とともに公表する。 ◆生徒や教師の数、部活動指導員の配置状況を踏まえ、適正な数の運動部を設置する。
② 合理的でかつ効率的・効果的な活動の推進のための取組
◆生徒の心身の健康管理、事故防止（活動場所における施設・設備の点検や活動における安全対策等）及び体罰・ハラスメントの根絶を徹底する。 ◆中央競技団体は、運動部活動における合理的かつ効率的・効果的な活動のための指導手引を作成し、指導者はそれを活用して合理的、効率的・効果的な指導を行う。
③ 適切な休養日等の設定
◆スポーツ医・科学の観点から、週当たり2日以上の休養日を設ける。（平日は少なくとも1日、土曜日及び日曜日は少なくとも1日以上を休養日とする。） ◆1日の活動時間は、長くとも平日では2時間程度、学校の休業日（学期中の週末を含む）は3時間程度とする。
④ 生徒のニーズを踏まえたスポーツ環境の整備
◆より多くの生徒の運動機会の創出が図られるよう、「季節ごとに異なるスポーツ」、「レクリエーション志向」、「体力つくり」などの活動を行う運動部を設置する。 ◆学校と地域が協働・融合した形での地域におけるスポーツ環境整備を進める。
⑤ 学校単位で参加する大会等の見直し
◆単一の学校からの複数チームの参加、複数校合同チームの全国大会等への参加、学校と連携した地域スポーツクラブの参加などの参加資格の在り方、大会の規模もしくは日程等の在り方、外部人材の活用などの運営の在り方に関する見直しを速やかに行う。

出典：図2-2に同じ

このように、学校は教育を担う機関として役割を果たさなければなりませんが、同時に、常に変化する社会環境に対して柔軟に対応する必要もあります。皆さん自身が部員として体験してきた部活動と、指導する側として関わる部活動が全く異なることや、ズレを感じることもあるでしょう。その時に、こういったガイドラインを参考として、まずは生徒を第一に考えて行動できるようになってもらいたいと願っています。

3　課外活動（部活動）の位置づけ

1　学習指導要領における部活動

　次に、学習指導要領に記載されている部活動について以下の4点を確認し、課外活動として部活動がどうあるべきかを理解しましょう。

①自主的・自発的な参加であること

　中学校・高等学校に限らず、学校によっては、部活動への所属や参加が義務であるかのように考えられてしまっていることがあります。

　どのような部活動であっても、そこに参加する生徒は自身の意思で参加しています。したがって、参加することも自主的・自発的であるなら、参加をやめることやしないことも自主的・自発的であるということです。そのため、指導にあたっては、参加していることだけでなく不参加であることにも生徒自身の意思があることを覚えておきましょう。

②スポーツや文化、科学に親しませる活動であること

　部活動というと、スポーツを行う運動部活動を最初に想像するかもしれません。または、吹奏楽部など、多くの生徒が所属している盛んな文化部が頭に浮かぶかもしれません。

　しかし、学習指導要領に明示されている部活動の在り方は、それぞれ

を分断するものでもなければ、先鋭化・高度化を望むものでもありません。運動部にも文化部にもさまざまな活動があり、「親しむ」ことを目的として行われていることを忘れないようにしましょう。

③学校教育の一環であること

　教育課程とは、先述の通り、時間割にある内容を指しています。部活動は学校教育の一環であるため、部活動の指導にあたっては、教育課程も考慮に入れておきましょう。生徒が学業と部活動を両立できるように、今、学校ではどのような学習が行われているのかを知ることも必要になります。

　例えば、生徒が部活動で疲れ果てて授業で寝てしまう、学校を休んでしまうなど、学業面で悪影響があるとすれば、学校教育の目指す資質・能力の育成をしているとはいえないでしょう。学業と両立できる部活動でなければ、生徒が安心して続けることができません。

④持続可能な運営体制があること

　部活動に参加する生徒は、その年々で変化します。また、活動の様子によっては、大きな大会へ参加するなどして参加生徒が多く集まる年もあれば、参加生徒が少なく活動が危ぶまれる年もあるでしょう。

　このような生徒の参加や活動の実態は、指導者の問題ではなく「運営する学校」がその責を負っていることを覚えておきましょう。部活動が持続するために学校が考える運営の工夫とはどのようなものかを、指導者として見定める必要があります。その上で連携・協力して、地域に根差した活動となっていくことが大切です。

2　具体的な運営の工夫——課外活動としての部活動

　学習指導要領で説明されているように部活動が運営されていくためには、具体的に考えなければならないことが多くあります。

例えば、前項④の「持続可能な運営体制」について考えた時、部員数が安定しないことを踏まえて拠点校を設置することがあるでしょう（図2-3 参照）。その際には、互いの学校の教育課程に関する情報交換が必要になります。合同練習日を設定したら、A校では同じ日に校外学習が組まれていたというようなことが起こらないように、互いの学校の授業がどのように組まれているのかを理解しておくことが必要です。

　また、②の「親しませる活動」ということを考えた時、生徒の目的が異なることを踏まえて、同じ学校内に目的の異なるチームや部を複数配置することがあるでしょう（図2-4 参照）。その際には、互いのチームの活動場所や使用器具、他の部活動との活動時間帯の整理などが必要になります。

　このように、柔軟な発想を常に持ち、まずは子どもたちの活動を第一に考えながら、学校と共に活動を創造する姿勢を持ちましょう。

図2-3　拠点校のイメージ

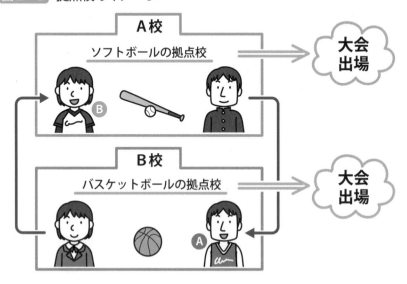

図2-4 複数設置のイメージ

C校の野球部

強くなることを目的とするチーム

楽しむことを目的とするチーム

※ 図2-3および図2-4は、友添秀則「変わる学校スポーツ 第3回」（日本スポーツ協会『Sport Japan』vol. 39、42-43頁、2018年）をもとに筆者が作成した。

4 部活動の教育的意義

1 部活動で育む力

　部活動によって育まれる力は、さまざまな文書に記載されています。代表的なものを紹介します。

　最初は、表2-4 （17頁参照）に示した学習指導要領「総則」の文章です。学習意欲、責任感、連帯感などを育むと記載されています。もう一度確認をしてみましょう。

　また、「運動部活動での指導のガイドライン」（文部科学省、2013）のまえがきには「スポーツは、人類が生み出した貴重な文化であり、自発的な運動の楽しみを基調とし、障害の有無や年齢、男女の違いを超えて、人々が運動の喜びを分かち合い、感動を共有し、絆を深めることを可能

にします。さらに、次代を担う青少年の生きる力を育むとともに、他者
への思いやりや協同する精神、公正さや規律を尊ぶ人格を形成します」
と示されています。

　また、同ガイドラインの本文には「体力を向上させるとともに、他者
を尊重し他者と協同する精神、公正さと規律を尊ぶ態度や克己心を培い、
実践的な思考力や判断力を育むなど、人格の形成に大きな影響を及ぼす
ものであり、生涯にわたる健全な心と身体を培い、豊かな人間性を育む
基礎となるものです」（1頁）と記載されています。

　東京都教育委員会が2007年に作成した『部活動顧問ハンドブック』
では、「部活動は、学校教育の一環として位置付けられ、児童・生徒の
健全育成に大きな役割を果たしています。生徒の自主性を重んじ、同好
の生徒によって行われる部活動は、生徒同士が互いに協力し合って友情
を深めるなど、望ましい人間関係を育てる上でも多くの期待が寄せられ
ています。顧問の指導の下、生徒の能力・適性、興味・関心等に応じつつ、
適切に行われることによって『生きる力』の育成に大きく貢献できる活
動です。（中略）このように部活動は、単に生徒の活動による資質向上
と生涯にわたって文化やスポーツ等に親しむ態度を養うだけでなく、学
校の教育目標の実現に向けても効果が期待できるものです。生徒同士や
顧問との人間的な触れ合いによる人間形成の場としても、また、保護者・
地域からの期待される生徒の健全育成に寄与する場としても、さらに学
校経営上の重要な柱としても、部活動を活性化していくことが大切です」
（2頁）と記述され、図2-5 の通りに部活動の意義等が示されています。

図2-5 部活動の特質・意義・効果

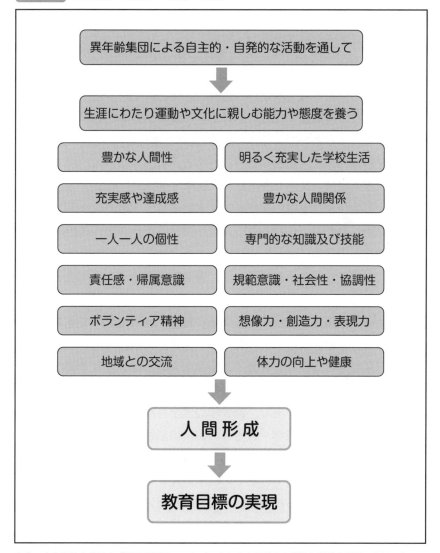

出典：東京都教育委員会『部活動顧問ハンドブック』東京都教育庁指導部指導企画課、2007年

さらに、東京都教育委員会は 2017 年に設置した「部活動検討委員会」において部活動の概念についての検討を続け、結論は次のように整理されています（東京都教育委員会、2019、4 頁）。

　　部活動とは、学校教育の一環として、教育課程との関連を図り、校長が認めた指導者（顧問）のもと、生徒の自主的、自発的な参加により、主に授業後や休日等に行われる課外活動である。部活動は学校が設置するものであることから、顧問と生徒が共に信頼し合い、共通の目標の下に、活動するものである。

　　この部活動は、スポーツ・文化・科学・芸術等に興味・関心をもつ同好の生徒が、学級・学年を越えて組織し、一定のペースでスポーツに親しんだり、信頼できる友達を見付けたり、部員同士の切磋琢磨や自己の能力に応じてより高い水準の知識・技能や記録等を追究したりするなどの活動を通して、豊かな学校生活を自ら創造する活動である。

　　同時に部活動は、学校教育が目指す資質・能力の育成に資するものであり、学習意欲の向上、責任感、連帯感、自己の確立、思いやり、自主性や社会性などを育て、豊かな人間形成や生涯学習の基礎づくり、また、個性・能力の伸長や体力の向上・健康の増進などに対して効果的な活動であり、青少年の健全育成の面からも、東京都のスポーツ・文化・科学・芸術等の振興の基盤としての面からも多くの都民が期待する教育活動である。

　　しかし、今日において、社会・経済の変化等により、教育等に関わる課題が複雑化・多様化し、学校や教員だけでは解決することができない課題が増えている。部活動においても、従前と同様の運営体制では、維持は難しくなってきており、学校や地域によって存続の危機にあり、部活動の在り方に関し、合理的でかつ効率的・効果的な活動の推進に向けた抜本的な改革に取り組む必要がある。

② さまざまな支援者

図2-6 すべての教育活動の目的

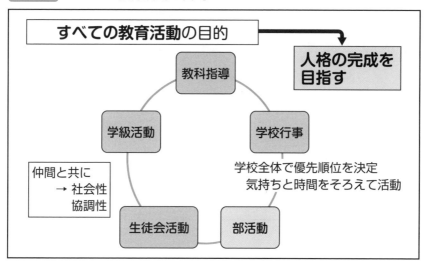

筆者作成

　図2-6 は、さまざまな教育活動が連携し互いに影響を与え合いなが
ら、自校の学校教育の目標実現に向けて全教職員が取り組んでいること
を表しています。部活動も学校教育の一環として位置づけられ、各学校
で大きな力を発揮しています。学校教育の最終的な目的は、全生徒の人
格を高めていくことです。

　図2-7 は、一人ひとりの生徒に対して多くの教職員や保護者・地域
の人々が関わっていることを表しています。A君を学級担任、教科担任、
学年の教員たち、生徒会や清掃担当の教員、校長・副校長や図書室の司
書、保健室の養護教諭の他に、事務職員や給食室・用務室の人たちも見
守り、励ましの声をかけてくれたり相談相手にもなってくれたりしてい
ます。当然、顧問・指導者や副顧問も関わっています。その中身も技術
に関わることだけではなく、学習面や生活面のこと、さらに友人関係や
家庭のことなど、多面的な指導や相談となっています。また、A君に関

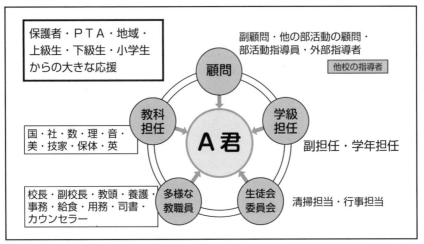

図2-7 学校における部活動

保護者・ＰＴＡ・地域・上級生・下級生・小学生からの大きな応援

副顧問・他の部活動の顧問・部活動指導員・外部指導者

他校の指導者

顧問

学級担任

副担任・学年担任

Ａ君

教科担任

国・社・数・理・音・美・技家・保体・英

校長・副校長・教頭・養護・事務・給食・用務・司書・カウンセラー

多様な教職員

生徒会委員会

清掃担当・行事担当

筆者作成

わっている人たちは日頃から連携を強め、互いに情報を共有しながら指導や支援をしています。

　大きな夢と希望を持って入部してきた生徒たちですが、思うように技術が向上しない、レギュラーになれない、大会でもなかなか勝つことができないなどの理由でプレイヤーとしての熱が冷めることがあります。また、顧問・指導者や部員との人間関係が上手くいかなくなり、退部を考えることもあります。

　このような時にも、部活動が学校教育の一環である強みを発揮し、顧問・指導者以外のさまざまな人が励ましやアドバイスをすることで、３年生最後の大会・発表会まで活動を継続することができた生徒が多く見られます。図2-8は、それを表しているものです。共に卒業まで頑張った仲間は、卒業後も強いつながりを保ち、人生を豊かに過ごす力の一つとなっているのではないでしょうか。

図2-8 卒業アルバムに一緒に……

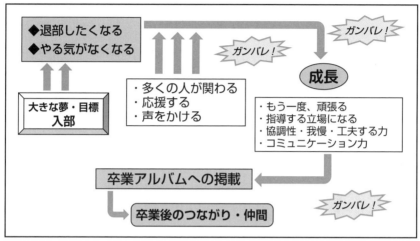

筆者作成

3　夢、叶わなくても

　さらに、部活動の大きな価値として、「努力しても思いが叶わないこともある」「頑張っても勝つとは限らない」「自分の思い通りにならないこともある」という経験ができることも挙げられます。

　次のような経験も部活動の意義です。それは「異年齢集団による継続的な活動」であるということです。学校によっては、体育祭などの学校行事で、1年生から3年生までを一つの集団とする「縦集団」形式を導入しています。この異年齢集団で活動するねらいは、3年生には力強さ・自信・リーダーシップを求め、2年生には昨年度の経験を生かしての指導力発揮に期待しています。そして1年生には上級生の力と素晴らしさを感じると同時に、上級生の姿をこれからの目標としてほしいということです。

　日常の学校生活では同学年だけでの活動が中心となり、狭い社会での経験だけとなりがちですが、部活動では異年齢集団の中の生活や体験を継続することができます。上級生になると活動計画の立案や指導をする

立場となり、責任を感じるとともにプレイ以外の楽しみと任務を感じることにより、社会性や協調性などを身につけることとなるのです。

5 部活動の社会的意義

1 地域との関係

　学校と地域は、地域が学校を見守り、学校は地域に元気を与えるという関係にあります。生徒たちは部活動での日々の練習や活動だけではなく、地域のさまざまな行事等に出場者・演技者として参加したり、ボランティアや係員として支える立場で参加したりすることが多くあります。

　このような経験から、地域の一員としての自覚も高まってきます。地域でのさまざまな関わりにおいて、地域の人たちから「我が学校」と思われ温かく応援されているからこそ、貴重な交流や経験ができるのです。生徒にとっても、認められて役に立っているという経験が自己有用感を育むことになっていきます。

2 子どもたちのセーフティネット

　現在、全国の公立中学校（義務教育学校を含む）は約9,460校、公立高等学校（全日制・定時制・通信制）は約3,500校あります。これらすべての学校においてさまざまな部が設置されており、多くの生徒が活動しています。もし、学校での部活動をなくし、それらすべての活動を地域に移すとなったら、地域にそれだけの受け皿があるでしょうか。

　西島（2006）によると、今後の部活動について大都市部では地域クラブへの移行志向がありますが、郡部では学校志向が強くなっています。都市部では生徒数も多く民間クラブとしての経営が成り立つでしょうが、人口減少が目立つ郡部においては生徒たちの活動場所となる民間クラブや社会教育団体そのものが存在しないか、活動内容が限られている

現状があります。

　また、地域格差だけではなく、経済格差や子どもの貧困も教育課題となっています。学校の部活動は、さまざまな地域で生活しているすべての生徒に豊かな放課後の時間を提供している重要な教育活動といえます。子どもたちのセーフティネットとしての部活動は、これからも大切に守っていくべき、社会的に大きな意義ある活動です。

6　学校における部活動の意義の再認識

１　教育活動としての部活動

　顧問と同じように、指導者は学校での教育活動と関連づけながらスポーツ・文化活動等を指導します。そこでの触れ合いにより生徒理解が深まり、健全育成に大きく貢献します。また、当該校の生徒であれば誰でも活動に参加でき、施設も利用できる平等性と、少ない費用負担での活動が保障されています。

　さらに、「する」「見る」「知る」だけでなく、生徒自身が大会運営等にも関わり「支える」実践の場ともなっています。

２　生徒の人格を育む部活動

　意図的・計画的に人間関係を学んだり、さまざまな葛藤を経験したりする機会であり、社会人になる資質・能力を育んでいます。具体的には、日々の活動を充実させることで、社会性・規律・道徳性・友情・忍耐力・チャレンジ精神・競争心などを身につけていきます。これらの経験を共有した仲間とは、卒業後も長く付き合える友情を育んでいます。

３　指導者を成長させる部活動

　顧問・指導者にとっては、自身の競技経験の有無にかかわらず、最新

33

の医学・科学的な指導法を学ぶ場となります。また、生徒理解を深める場でもあります。教科指導や学級担任とは異なる場面で、生徒たちの自主性や意欲を重視し、豊かな人生の基礎づくりに関わっているという喜びと充実感を得ることができます。部活動に関わることにより、教育者・指導者として、また人間としても成長することができます。

4　学校を元気にする部活動

　部活動によって、部員だけではなく、全校生徒が輝きます。教職員のやる気を高め、連帯感を強めます。また、保護者や地域をも明るく元気にする活動であり、小学生や中学生にとっては、学校・部活動が憧れの場となります。正しい部活動は学校を元気にし、まとまりを強め一体感を高めます。

復習問題

❶　日本国憲法第 3 章の条文のうち、スポーツの権利に主に関係するものを **A** ～ **F** からすべて選びましょう。

　　A　第 10 条（日本国民たる要件）

　　B　第 13 条（個人の尊重、生命・自由・幸福追求の権利の尊重権）

　　C　第 14 条（法の下の平等、貴族制度の否認、栄典の限界）

　　D　第 25 条（生存権・国の生存権保障義務）

　　E　第 26 条（教育を受ける権利、教育を受けさせる義務、義務教育の無償）

　　F　第 30 条（納税の義務）

❷　学習指導要領について説明した次の文の（　　　）に入る同じ言葉は何ですか。

　　学習指導要領は、学校教育の水準を確保するために国レベルで教育課程の（　　　　　）を示したものです。そのため、各学校は学習指導要領に従って教育課程を編成し、実施しなければなりません。しかし、示された（　　　　　）を生徒が達成することを義務づけているものではありません。

❸　「運動部活動の在り方に関する総合的なガイドライン」ができた背景として適当でないものを **A** ～ **D** から選びましょう。

　　A　教師の勤務時間の問題　　　**B**　運動活動の強化や選手発掘

　　C　少子化などの社会環境の変化　　**D**　児童生徒の健康問題

❹ 部活動の学習指導要領上での位置づけは、どのようになってい
ますか。A〜Fから適当なものをすべて選びましょう。

A 学校教育内　　B 学校教育外　　C 教育課程内

D 教育課程外　　E 地域教育内　　F 地域教育外

❺ 次のA〜Eの文章を読み、本文の内容と一致していれば○、一
致していなければ × をつけましょう。

A 顧問・指導者からの指示により行われる部活動は、スポー
ツや文化、科学等に親しませ、学習意欲の向上や責任感、連
帯感を育む大きな力となっている。

B 部活動は、学校の教育目標の実現に向けても効果が期待で
きるものであり、生徒同士や顧問との人間的な触れ合いによ
る人間形成の場としても意義ある活動といえる。

C 技術が向上しない、試合で勝てないなどの理由で部活動へ
の情熱が冷めることがある。また、部員の人間関係により退
部を考えることもある。このような時にも学校教育の一環で
ある強みを発揮し、さまざまな人からの励まし等で最後まで
頑張る生徒が多くいる。

D 生徒たちの放課後の活動・居場所は、各保護者の責任であ
るので、部活動を地域の活動に移行すべきとの意見が全国的
に多くある。

E 部活動は、顧問・指導者と生徒たちとの重要な触れ合いの
場であり、互いを理解する大切な場といえる。

第3章　部活動指導員の位置づけ

- 現在の部活動の持つ問題を理解する
- 部活動指導員の役割を理解する（専門技術の指導だけではありません！）

　ここまで、学校という組織の特徴とその中での部活動の位置づけについて見てきました。この章では、学校の外から来て生徒たちと関わることになる専門家、部活動指導員について、まずは制度ができた背景から見ていきましょう。

1 部活動指導員制度が作られたわけ

1 部活動の現状

　部活動には長い歴史があります。1947年には小・中学校において部活動に類似するものが課程内活動の中の「自由研究」として開始され、その後「特別教育活動」へと移行して、70年以上にわたり行われています。現在の部活動は課外活動であり、選択式で実施されています（1998年から：西島、2016；詳細は第2章参照）。

　スポーツ庁が2017年度に行った「運動部活動等に関する実態調査」によれば、中学校段階での運動部加入率は72.5％、高等学校段階で54.5％と高く、文化部加入率は、中学校段階で20.3％、高等学校段階で28.1％でした（スポーツ庁、2018）。部活動に所属していない生徒は中学校ではかなり少なく（8.1％）、高等学校でも少数派です（19.0％）。

　各部活動はどのくらいの日数・時間活動するのが一般的なのでしょう

か。運動部と文化部に分けて見てみましょう。

　スポーツ庁「運動部活動の現状について」（2017a）によると、中学校部活動の活動時間は学期中の平日で平均2時間程度、土曜日は3〜4時間が標準です。活動日数はさまざまですが、多くの部で週1日以上の休養日を設けている一方で、休みなしで、つまり週7日活動する部も約22.4%見られます。

　文化部の活動はどうでしょうか。文化庁「『文化部活動の実態把握に関する調査』アンケート結果」（2018）によると、文化部の熱心さにはかなり幅があるようです。具体的には、1日2〜3時間で平日は毎日活動している部が15%程度ある一方、週1日しか活動しない部も20%ほどあり、1日2時間未満で週に2〜3日活動する部が最も多い（約30%）という状況でした。活動日数が多いのは吹奏楽・管弦楽等の音楽系と演劇で、半数以上が平日すべて活動しているという回答でした。週末の活動についても土日とも6時間以上活動する部が4分の1程度ある一方、全く活動しない部も多く見られます。

2　生徒と教員のための部活動改革

　生徒が自分の興味・関心に基づき活動できる部活動に大きな教育的意義があることは分かりますが、特に体力を使う運動部において過度な課外活動は、教員の働きすぎに加え、生徒の疲労感や学業不振という問題を引き起こす危険性が考えられます。そこで、2018年にスポーツ庁が「運動部活動の在り方に関する総合的なガイドライン」を、文化庁が「文化部活動の在り方に関する総合的なガイドライン」を策定しました。それによれば、土日のうち1日以上、平日も1日以上の休みを設けること、平日の活動時間は2時間、土日の活動時間は3時間程度とすることを求めています。

　文化部に関する調査は、この指針が発表された後に実施されたため、この活動指針を踏まえて既に取り組んでいること、および取り組みたい

ことに関しても質問していました。その結果として、取り組んでいることと課題ともに「教員の指導力の向上」「部活動指導員・外部指導者による指導」「地域、文化団体等との連携」が多く挙げられていました。ただ一方で、運動部の方が予算的に優遇されていることが多いらしく、道具の費用や楽器の運搬費が出ない等に加え、外部指導者の謝礼金が少ない（ために呼びにくい）という問題が提起されています。

3　教員の負担

　今まで学校の中でも外でも部活動を行う際には学校の教員（顧問）の付き添いが必須でした。つまり、外部の指導補助者がいたとしても教員が立ち会う必要があったので、顧問となった教員の負担は大変なものでした。平日は授業と授業準備の合間を縫って部活動を指導し、さらに担当した部によっては土日に練習や試合の引率が入ります。多くの中学校（87.5％）で教員全員が部活動の顧問にあたることを原則としていますが、中学校教員の1週間における学内勤務時間は、担当している部活動の活動日数が多いほど長くなっています（スポーツ庁、2017a）。

　日本の教員は世界的に見ても労働時間が長いというデータがあります。OECDが48カ国を対象に行った国際教員指導環境調査によれば（国立教育政策研究所、2019）、日本は中学校教員の週当たり勤務時間が平均56時間で最も長く（平均は38.3時間）、その主な理由は事務作業に加えて課外活動の指導、つまり、部活動指導でした。課外活動に費やされる時間は平均7.5時間で、48カ国の平均1.9時間をはるかに上回りました（図3-1）。また、授業準備時間は標準的に取れてはいるものの、職能開発（研修等を受けて仕事に役立つ能力やスキルを身につけること）にあてる時間が48カ国中最短となっており、教員本来の仕事が十分にできない「忙しい」教員像が国際的な調査で改めて示された形となります。

　部活動という制度の強みは、接する時間が長くなるので生徒と教員との「信頼関係」が作りやすくなる点です。勉強でしか接点がないとその

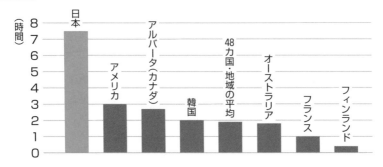

出典：国立教育政策研究所編『教員環境の国際比較：OECD 国際教員指導環境調査（TALIS）2018 報告書』ぎょうせい、2019 年

教員の一面しか分かりませんが、部活動でも接点があるといろいろな話をすることになり、多様な面が見られます。信頼関係があれば、生徒たちは学習指導や生活指導も聞き入れるようになり、成績や生活態度も向上します。また、ある都内の校長は、今の日本では放課後自由に過ごせと言っても（欧米とは違って）保護者が忙しいために生徒たちが有意義な活動をできない可能性が高い、少なくとも、経済的にゆとりのない家庭の（習い事に行けない）子は暇を持て余すだろうと指摘しています。

しかし、スポーツ庁（2018）によれば、顧問の教員たちは、指導上の悩みとして、「自分の専門的指導力の不足」「施設や設備等の不足」に加えて、「校務が忙しくて思うように指導できない」という問題を抱えています。また、体育教員でもなくその種目の経験がない部活動を担当するケースが半数近くに上っており、肉体的のみならず、精神的な負担ものしかかります。

これは、実は少子化とも深い関係があります。少子化が進んで学校内の生徒数が減ると、その分クラス数が減り、その結果として学校に配置される教員の数も減ってしまいます。そうすると、顧問となる人材（その部活動の活動内容に知識や関心がある教員）が得られる可能性も減っ

てしまうため、顧問のなり手選びが近年さらに難しくなっているのです。ワーク・ライフ・バランスが意識されるようになり、働き方改革が叫ばれる中、学校教員は労働時間が長すぎるという理由で敬遠され始めています。

④　部活動指導員の導入

　このような学校の状況を背景として導入されたのが、外部からの指導者です（作野、2017）。2017年3月に学校教育法施行規則の一部が改正され、「部活動指導員は、中学校におけるスポーツ、文化、科学等に関する教育活動（中学校の教育課程として行われるものを除く）に係る技術的な指導に従事する」（第78条の2）という一項が加わりました。これにより、今まではなかった、あるいは一部の学校が独自の基準と独自のニーズで採用していた外部からの部活動指導者を雇うことが正式に認められたのです。

　実は、それ以前より外部からの指導者を依頼するケースはありました。ただ、近所の人や卒業生にボランティアとしてお願いしているケースが多く、「仕事」ではありませんでしたので指示を出しにくいこともあり、指導の仕方についての合意が十分とはいえませんでした。そのため、学校の教員と指導方針が食い違ったり、学校内の大人として不適切な行動をしてしまったり、ひどい時には部員に暴力をふるったりといった問題が見られました。そのため、教員の中には外部から指導者が入ることを警戒する人もいます。

　改めてまとめますが、部活動指導員を導入した目的は2つ挙げられます。第1に、学校教員の負担を軽減し、教育の質を上げること。第2に、生徒に対する専門的で適切な指導を提供すること。この2つの目的が適切に満たされるように、部活動指導員は十分に心と技術の準備をして現場に入る必要があります。

2 部活動指導員って何をする人？

　まず、この新しく導入された「部活動指導員」がどのような存在なのかを、その果たすべき役割についての記述から見ていきましょう。

　スポーツ庁「学校教育法施行規則の一部を改正する省令の施行について（通知）」（2017b）によれば、部活動指導員の職務は、「学校の教育計画に基づき、生徒の自主的、自発的な参加により行われるスポーツ、文化、科学等に関する教育活動（学校の教育課程として行われるものを除く）である部活動において、校長の監督を受け、技術的な指導に従事すること」とあります。その具体的な職務について順番に見ていきましょう（詳細は第5章参照）。

◆実技指導

　先述の通り、部活動指導員導入の主な目的は、部活動（スポーツ、文化、科学等を含む）の指導体制充実にあります。まさにその種目・その活動の専門家である皆さんの腕の見せ所です。技術・知識を効率的に向上させるように教え方を工夫しましょう。また、生涯の趣味として続ける層を増やすためにも、その活動の楽しさもしっかり伝えるようにしたいものです。

◆安全・障害予防に関する知識・技能の指導

　技術・知識と同時に、安全にその活動を行うための知識や技能も大事です。道具の扱い方や準備の仕方も含め、生徒たちに伝えていきましょう。また、学校は保健上配慮が必要な生徒についての情報を持っています。既往症、アレルギー等については、部活動中に対応が必要な状況が起こり得ますので、日本学校保健会の「学校生活管理指導表」を共有してもらう方がよいでしょう。

◆学校外での活動（大会・練習試合等）の引率

学校外の部活動の引率も、部活動指導員が単独で行うことができるようになりました。学校外の活動は部活動の日頃の成果を示すようなものが多く、生徒たちも張り切っていることでしょう。そのような場を共有できることは、たいへん嬉しいことです。普段とは異なる場所での活動となるので、安全性に十分に留意しつつ、皆が成長できるように声かけの仕方等も考えましょう。

◆用具・施設の点検・管理

学校と相談の上、分担することになります。用具・施設の管理や片づけについての指導も必要です。

◆部活動の管理運営（会計管理等）

学校によってやり方が異なると思われます。学校と相談の上、分担していきましょう。

◆保護者等への連絡

保護者に生徒たちの活動の様子や指導者としての方針を伝えることは、生徒のモチベーションを高めたり部としての意識統一を図ったりする上で重要になってくることがあります。もしまだ何もしたことがない人がいれば、試合・大会等の際に保護者にも呼びかける、あるいは部活動便りを出すという形で、コミュニケーションをとってみるとよいかもしれません。年に1～2度保護者会を開く部もあるようです。

◆年間・月間指導計画の作成

部活動も学校教育の一環であるため、教科と同じように指導計画を作成します。一般的には顧問教員が作成しますが、顧問教員不在の部活動を任された部活動指導員が作成する場合には、学校教育の一環である部

活動と教育課程との関連を図るために部活動担当の教員・管理職等とよく相談をした上で作成する必要があります。

◆生徒指導に関わる対応

　部活動指導員は、専門的な知識・技術だけを伝えればよいのではありません。活動のあいだに、学校教員と同じように、日常的な生徒指導に関わる対応を行うことが求められています。そのために、学校全体の教育方針やその部の活動の目標や方針に精通していることが大切です。技術さえ指導すればよいのではありません。繰り返しになりますが、部活動は学校教育の一環であり、責任感や連帯感等の社会性を育む場でもあります。そうなると、例えば、片付けや道具の管理もしっかりと指導していく必要があります。

　また、いじめや暴力行為等のいわゆる問題行動を見つけたときには（授業中よりは、部活動中や休み時間により起こりやすいといわれています）速やかに教員たちに連絡し、学校として連携した対応を行いましょう。

◆事故が発生した場合の現場対応

　運動系の部活動の場合、小さな事故は避けられません。文化系の部活動でも事故が起こることはあり得ます。何らかの事故が発生した場合、部活動指導員は、現場で責任ある大人としての対応が求められます。具体的には、応急手当、救急車の要請、医療機関への搬送、保護者への連絡等です。もちろんその合間に、必ず部活動担当の教員または管理職に報告を入れましょう。重大な事故が発生した場合には特に、学校全体での対応が必要となるため、直ちに教員に連絡しましょう。

　このように、部活動指導員の役割は多岐にわたります。そのため、指導するスポーツや文化活動等に関わる専門的な知識・技能を持っているというだけではなく、学校教育に関する十分な理解を有することが採用にあたっての条件になるのです。

3 部活動指導員のモラルとマナー

1 教職員としての義務

　部活動指導員は、学校の中では非常勤の扱いですが、生徒や保護者から見れば学校の教職員の一人です。守るべきモラル（倫理）があることを自覚して行動しましょう。具体的には、校長の監督を受けて指導に携わる必要があり、信用失墜行為を犯してはいけません。

　信用失墜行為の禁止とは、「①自分の職の信用を傷つけないこと、②職全体の不名誉となるような行為はしないこと」（学校管理職試験研修所「信用失墜行為とは？」より）を指し、公務員や学校の教員たちは勤務時間のみならず常に守らなければならないとされます。例えば、交通事故・飲酒運転等の道路交通法違反、窃盗や万引き、わいせつ行為、情報漏洩、不正経理・贈収賄、体罰等がそれにあたります。

　また、公務員および医師・弁護士等と同様に、教員には守秘義務（職務上知ることのできた秘密を守る義務）があります。指導中のふとした対話から知ることになった生徒の家庭の事情や悩み等について、勝手に他の人に話したりしてはいけません。その生徒はあなたを信頼して打ち明けてくれたのですから、本人の了承なく話すのは、相手がたとえ学校の教員であってもやめましょう。生徒および保護者等の信頼を損なうような行為をしてはいけないのです。

　これ以外にも、学校の教職員の一員として、適切なマナーを意識して生活しましょう。

2 生徒の模範となるべき立場の自覚

　ダメージドジーンズも帽子もおしゃれのうちで、個人の自由だと思う人もいると思います。煙草を屋外で成人が吸うのに何の問題があるのか、と言う人もいます。しかし、学校は教育の場所で、生徒たちは校則等の

ルールを守って生活しています。指導員も生徒たちを指導する「先生」の一人であるため、服装や話し方にも気を配る必要があります。

　例えば、成人であっても校内で煙草を吸ったり（たいていの中学校・高等学校は全面禁煙です）歩きスマホをしたりすることは問題です。専門的な知識・技術だけではなく、マナーや大人としての態度という意味でも生徒たちにとって規範となる大人でいてほしいと思います。

4 「チーム学校」の一員として

1 顧問との関係

　多くの学校では、校内に顧問の教員がいて、そのサポートとして部活動指導員が入ります。すると、例えば次のようなことが起こります。

　このように、指導方針や指導内容が顧問の教員と指導員とでずれてしまっているが、お互いにしばらく気がつかないということが起こり得ます。生徒たちは混乱してしまいますし、技術的に劣る顧問の教員を指導員がばかにするような言動をとると、不信感が生まれかねません。この例のような純粋に技術的な内容のずれのみならず、例えば、大人が生徒たちの活動（練習メニュー、日々の活動内容、試合や発表会の予定等）

に介入する程度や、準備や片付けの徹底等生活指導についての考え方等にも及びます。

　部活動指導員以外に顧問がいるケースと、その部活動については顧問の代わりに指導員が入っているケースとがあると思います。前者の場合は、年度の初めに顧問と役割分担についてよく話し合っておきましょう。指導方針についてもお互いに明確にしておいた方が後で問題が起こりにくいと思います。そして、イレギュラーなことが起こった時には、この顧問の教員に密に報告・連絡・相談をするようにしましょう。

　後者の場合は、顧問はいなくても、生活指導主任等部活動についての担当者がいるはずです。年度初めに、誰に連絡・相談等をしたらよいかを確認しておきましょう。

② 　学校関係者との連携

　指導の日は忙しいとは思いますが、部活動指導員も教職員の一員ですから、学校とはとにかくこまめに連携をとるように心がけましょう。生徒のこと道具のことさまざまな事柄について顧問・担当教員への報告・連絡・相談を欠かさず、必要に応じて校長やカウンセラーにも報告や相談をしましょう。

5　よくあるトラブル① ハラスメント

① 　生徒を追い詰める「ブラック部活」

　パワーハラスメントとは、「職務上の地位や人間関係等の職場内の優位性を背景に、業務の適正な範囲を超えて、精神的・身体的苦痛を与えるまたは職場環境を悪化させる行為」を指します。教育現場において教員という上の立場にある者が生徒に、スポーツ現場において指導者という上の立場にある者が生徒に、精神的・身体的苦痛を与えるようなこと

をしたら、それは「ハラスメント」と呼ばれます。スポーツに関するものを分けて、「スポーツ・ハラスメント」と呼ぶこともあります。部活動におけるハラスメントが問題視されたきっかけは、部活動での体罰を苦にした生徒が自ら命を絶ってしまうという事件が起きたことでした。その後多くの部活動で問題のある指導が明らかになり、「ブラック部活」という言葉もでき、社会問題になりました。問題として挙がっているのは運動部がほとんどですが、文化部においても似たような状況があるのではないかと思います。

　第9章で詳しく取り上げますが、部活動内ハラスメントはさまざまな場面でいまだに見られています。最も典型的なものは、顧問や指導者による暴力的な指導（殴る、蹴る、物を投げる等）や精神的な暴力（言葉や態度による脅し、威圧・威嚇的発言や行為、過度な叱責、嫌がらせ等）でしょう。これに加え、炎天下に校庭を30周走らせる、水も飲ませずに5時間も練習させる等、限度を超えた肉体的負荷をかけることもハラスメントにあたります。ちなみに、椅子を蹴る、靴を投げる等生徒に向けていない行動でも、暴力的な行為に含まれます（文部科学省、2013；スポーツ庁、2018）。

② ハラスメントを起こさないために

　指導者がハラスメントをしてしまう理由はいろいろ考えられます。よく言われる理由の一つは、部活動を生活指導の場と捉えすぎていて、礼儀や規律を過度に重要視してしまうからです。もう一つは、勝利至上主義です。ハラスメントは、対外試合・発表等があり、中程度以上に「強い」部活動に多い傾向があります。生徒たちを追い込むことで試合・発表等の成績が上がるという経験から、ハラスメントを使った指導が習慣化してしまっているのです。指導者の技術レベルが高く自身が技術向上・勝利を第一に頑張ってきた場合、生徒にも良かれと思って同じような目標を立てがちです。その上、部活動指導員は主に「技術的な指導」のため

に配置されているため、成果を出すことが自分の評価に直結するとも考えやすいでしょう。しかしながら、部活動は本来生徒の自主的・自発的な活動として行われるものです（第2章第3節参照）。指導者の皆さんはこの大原則を常に心に留めておかなくてはなりません。そして、あえて一歩引き、生徒たちのニーズに合わせて、技術・知識のみならず心身の成長を念頭に置いて指導するという原則に立ち返りましょう。

6 よくあるトラブル② 個人情報への配慮不足

　科学技術の進歩はすさまじく、SNSの発展によって楽しい写真や動画を手軽に共有できるようになりました。友達や仲間と時間と場所を超えてやり取りができるのは、とても素敵なことです。

　しかし、この例のように、不特定多数にばらまかれてしまう写真・動画に、許可なく他の人の顔や名前を載せてはいけません。未成年である生徒たちの個人情報の扱いには、くれぐれも慎重になりましょう。SNSやメール等特定の相手に送る場合でも、別の人に間違えて送ってしまう、設定のチェックが甘くて意図せずに共有してしまうこともあるでしょう。

　学校ではホームページや学校案内に写真を載せるときには、必ず保護者から同意を取ります。部活動指導員もSNSや自分のブログ等に生徒が写っている写真を使いたい場合には、個人情報が全く分からないようにするか、写っている本人に事前に許可を取るかにしましょう。

7　よくあるトラブル③ 発達段階の理解不足（主に運動部）

　部活動指導員の導入は主に中学校だという前提でお話しします。中学生になると母親の身長を抜いている生徒も多く、十分に育っていると考えるかもしれません。けれども、中学2年生の平均身長は男子162cm、女子156cmでまだ成長途上のケースが大半ですし、筋肉やコントロール力はまだまだ成長します。また、思春期の成長の仕方には実は結構な個人差があって、一概にはいえない部分が大きいのです。指導を行う際は、個人差も念頭に置きつつ、生徒たちの発達の段階に応じた科学的な指導を行うことが肝心です。

　スポーツ庁（2018）の「運動部活動の在り方に関する総合的なガイドライン」4〜5頁にも明記されているように、成長中の身体での過度の練習はスポーツ障害・スポーツ外傷のリスクを高めます。育ち切った大人には適していても、青少年には不向きなトレーニング法・フォーム等があるのです。また、反復練習は技術の習得に一定の効果がありますが、肉体的な負担とのバランスを考える必要があります。集中して考えなが

ら取り組むときに最も効果が上がるということもありますし、週5日以内、1日2時間以内（平日）・3時間以内（休日）という、適切な活動量を守るようにしましょう。

　筆者の教え子の一人は、小学校の高学年から中学校時代にバレーボールを頑張りすぎたため、膝を壊してしまい、何度も手術をしたけれどももう同じようにスポーツをすることは難しいそうです。高等学校時代に肩を痛めて野球ができなくなった学生もいます。スポーツは楽しむはずのもの。生涯楽しめるように、指導者も怠ることなく知識を仕入れ活用していきましょう。

コラム①　　先生たちの気持ち

　実際のところ、中学校教員は部活動指導員に何を求めているのでしょうか。部活動指導員と共働したことのある公立中学校（都内3校、神奈川1校）の先生方にお話を伺いました。

　部活動指導員と一緒に顧問をした時間の長さは15年以上から半年までさまざまでしたが、この方々は比較的関係がうまくいっていました。ただ、多くの教員が今までに経験した困った事例として、部活動指導員が「技術ばかり大事にして努力をきちんと評価してくれない」「学校では問題視している遅刻や服装等を注意しないという、指導の非統一がある」等を挙げていました。また、他校の例として、「技術のあまりない顧問を見下す態度を生徒の前で取るので、学校での学習指導や生活指導がやりにくい」という問題が、特に顧問の技術が低かったり新任だったりする場合に何件も聞かれました。驚いた例としては、「顧問の了承を得ず、勝手に大会に連れて行ってしまう」こともあったそうです。

　最も大事なことは、部活動指導員は顧問と協力しながら生徒の健全な成長に貢献しなければならないということです。生徒たちは、

優れた技術を持つ指導員を尊敬し、慕ってくれるでしょう。部活動指導員は、そのような生徒たちの純粋な気持ちに大人らしい態度で応えなくてはなりません。つまり、自分が学校職員の一人であることを心に留め、生徒との関係だけでなく顧問や他の職員等との関係も考慮して対応する必要があるのです。

　部活動の顧問は、自分の得意な分野を担当しているとは限りません。それは、中学校・高等学校の教員は担当教科に基づいて配置されるのであって、部活動の都合は考慮されないからです。全く経験のない種目や活動内容の部の顧問になった教員にとっては、技術的な内容について部活動指導員と相談することさえ難しいでしょう。そのような場合、部活動指導員は顧問に対しても技術的なサポートをすることが望まれます。間違っても、生徒の前で顧問を見下した

り、無視したりしてはいけません。

　部活動において生徒が顧問の教員を見下すようになると、その影響は普段の授業や生活指導にまで及びます。すると、教員の本分である「学習指導」と「生徒指導」がうまくいかなくなり、結局は生徒の成長を妨げることになってしまうのです。そうならないように、部活動指導員は顧問と生徒の関係にも配慮しましょう。

　次に大事なことは、部活動は学校教育の一部であるという認識を持つことです。新しく部活動指導員が入る時に何を説明するかという問いを何人かの中学校教員にしたところ、揃って「部活動は教育の一環だということ」という答えが返ってきました。これは、確かにその活動の技術を教えることが主な目的ではありますが、あくまでも学校教育の一環としての部活動ですから、技術ばかりではなく、生活指導も含めて伝えるようにしてほしいということです。

　都内のある中学校校長は、学校の部活動について「子どもが自分の人生を豊かにできるように」運営すべきだと断言されました。至言でありましょう。部活動指導員と教員とで同じ目標を持って進めていければ素敵ですね。

復習問題

●●●●●●●●●●●●●●●●●●●●●●●●●●●●●●●

❶　中学生の運動部加入率および文化部加入率はどのくらいです
か。**A〜F**からそれぞれ選びましょう。

　　A　約10%　　**B**　約20%　　**C**　約30%

　　D　約70%　　**E**　約80%　　**F**　約90%

❷　部活動指導員の仕事に含まれるものを**A〜E**からすべて選びま
しょう。

　　A　専門的な技術の指導　　**B**　指導計画の作成

　　C　生徒指導　　　　　　　**D**　事故への対応

　　E　顧問（または担当教員）との連絡

❸　次の**A〜D**の文章を読み、本文の内容と一致していれば〇、一
致していなければ × をつけましょう。

　　A　部活動指導員が導入された理由の一つは、教員の負担軽減
である。

　　B　部活動は生徒の自主的な活動なので、自由にやらせた方が
よい。

　　C　中学校で顧問のなり手が少ないのは、少子化が関係してい
る。

　　D　中学校や高等学校の部活動において、ハラスメントはめっ
たに見られない。

第**4**章　部活動をマネジメントする

学習のポイント
- 部活動の中でマネジメント視点を生かす方法について理解する
- 部活動でのPDCAサイクルについて理解する

　この章では、部活動のマネジメントについて考えてみましょう。部活動は課外活動ですが、単に部員に技術を教えるのみではなく、教育目標（第2章参照）に基づいて運営し、マネジメントしていきます。

1　マネジメントとは

1　語の意味

　「マネジメント」とは、スポーツに限らず、多くの領域で使用されている言葉で、日本語に訳すと「管理」となります。その意味は、「組織の成果を向上させるための道具や機能、機関」（ドラッカー著／上田訳、2001）と定義されています。

　部活動におけるマネジメントという言葉は、岩崎著『もし高校野球の女子マネージャーがドラッカーの「マネジメント」を読んだら』、通称『もしドラ』で耳にした人が多いかもしれません。この物語は、都立高等学校で野球部のマネージャーを務める女子高校生川島みなみがドラッカーの『マネジメント』という組織論に本屋で出会い、そこから野球部員の意識改革や部の組織改革を行っていくという内容です。少女漫画風のキャラクターが親しみやすく、漫画や映画にもなったことで、一躍「部活動 × マネジメント」という言葉がなじみのあるものとなりました。

2　部活動におけるマネジメント

　その後、部活動で「マネジメント」という視点が重視されるようになったのは、前章でも紹介したスポーツ庁と文化庁のガイドラインの影響が大きいと思われます。2018 年 3 月にスポーツ庁は「運動部活動の在り方に関する総合的なガイドライン」を作成し、同年 12 月には文化庁が「文化部活動の在り方に関する総合的なガイドライン」を作成しました。このようなガイドラインが必要になった背景としては、第 3 章でも既に述べましたが、部員への体罰という不適切な指導が明るみになったことと、教員の負担感の増大に伴う働き方改革の 2 つの流れがあります。

　特にスポーツ領域では、「マネジメント」という言葉が頻繁に使われるようになっており、「スポーツマネジメント」とも表現されます。芸術の分野では、「アートマネジメント」（文化庁、2007 参照）という言葉が登場していますが、学校の文化部にはまだなじみがないかもしれません。いずれにせよ、運動部・文化部を問わず、部活動において「マネジメント」という視点は有用です。

2　マネジメント視点の部活動への活用

1　学校教育の目的に合わせる

　マネジメントの視点は、どのように学校部活動に活用できるのでしょうか。はじめに、運動部について考えてみましょう。

　学校部活動の運動部は、スポーツマネジメントの領域の一つである「行政主体」の中の「学校体育・スポーツ」に入ります。ここでいう学校体育は、体育・保健体育の授業という狭い意味ではありません。学校体育とは、体育・保健体育の授業、運動部活動、体育的行事、自由時間（昼休み）などすべてのスポーツ的な要素のものを含みます（柳沢・清水・中西、2017）。加えて、学校の場でのスポーツなので、その目標も単に

勝利や技術力向上を求めるのではなく、人格形成を目指す学校教育の目的と合致していないといけないのです。

これは、文化部でも同じことです。学校の芸術・文化活動とは、教科教育の美術、音楽、習字だけではなく、文化祭などの文化的行事、自由時間（昼休み）などのすべての芸術・文化的な要素を含みます。ここでも、作品の出来栄えのみにこだわるのではなく、芸術や文化活動を通した人間形成を目指し、学校教育の目的と合致することが重要なのです。

2 組織の定義

『もしドラ』で取り上げられた世界的な名著、ドラッカーの『マネジメント』では、マネジメントが果たす役割として、①社会貢献、②時間的展望、③管理、が挙げられています（ドラッカー著／上田訳、2001）。これらの役割を果たすためには、マネジメントの前提となる、「その組織は何をなすべきか」（組織の定義）を考えることが必要となります。

『もしドラ』の主人公の川島みなみは、物語の最初で、野球部の定義を探すことに苦労します。川島みなみにとっての目標は、野球部を「甲子園に連れていく」ことでしたが、その前提となる「なぜ甲子園？」「なぜ野球部？」という定義が分からなかったのです。彼女は、ある人との会話から、多くの人々が野球や甲子園に求めていることは「感動」であるということに気づきます。そこから、野球部という組織の定義を「顧客に感動を与えるための組織」とし、その実現のために組織の目標を「甲子園に出場すること」とすることに間違いはないと確信したのです。

また、『もしドラ』の中では、野球部にとっての「顧客」とは誰か、ということも考えられています。野球部にとっての「顧客」とは、選手だけではなく、教員、保護者、OB、学校、地域、そして野球部運営を支えてくれている組織（中学校の場合は日本中学校体育連盟〈中体連〉などが該当します）や市町村や国であるという視点にたどり着くのです。つまり、これらの関係者に「感動」を与えることが、野球部という組織

の使命であると考えたのです。

　皆さんも部活動を指導する中で、「部活動を通して何を行うのか」「誰のための部活動なのか」という部活動の社会的意義を明確にし、それを実現するための具体的な目標を考えてください。その際、参考になる視座としては、スポーツマネジメントやアートマネジメントの目標や、第3節「学校教育としての部活動の意義」で述べる各法規や学校の教育目標などがあります。

③　スポーツマネジメントとアートマネジメント

　ここでは、スポーツマネジメントとアートマネジメントの目標について見てみましょう。さまざまな領域で実践されているスポーツマネジメントは、一見するとバラバラな目標を有しているように見えるのですが、その共通する目的として、柳沢・清水・中西（2017）は「『人々のスポーツ生活の豊かさの実現を目指して、質の高い文化としてのスポーツを創造し供給する』ことにあると理解できる」（5頁）と述べています。

　これをアートマネジメントの目標に置き換えると、「人々の芸術・文化生活の豊かさの実現を目指して、質の高い文化・芸術を創造し供給する」ことにあるとするのが当てはまりがよいのではないかと考えます。すなわち、質の高い文化としてのスポーツや芸術を創造していくことが、スポーツマネジメントやアートマネジメントが目指す方向性といえるでしょう。

3 学校教育としての部活動の意義

1 教育目標を示す学習指導要領

　次に、学校教育としての部活動の意義について考えてみましょう。部活動の意義を考えていく際に忘れてはいけないことは、学校の教育目標との関係です。第2章で述べたように、学校現場に関連する主な法規には、教育基本法、学校教育法、学校教育法施行規則、学習指導要領などがあります。そして、第1章でも説明した通り、学習指導要領は時代に合わせて数年おきに見直しが入り、現在最も新しいものは 図4-1 のスケジュールにより各教育段階で改訂されています。

2 3つの柱

　新しい学習指導要領改訂の方向性として、 図4-2 の通り、3つの柱が挙げられています。①学びに向かう力・人間性、②知識・技能、③思考力・判断力・表現力、です。そして学びの方法としては、主体的かつ対話的なアクティブ・ラーニングが推奨されています（文部科学省、2016）。この新学習指導要領が目指す資質・能力の3つの柱形成に向けて、学校は、それぞれの教育目標を作成していきます。これはすべての学校において同じ内容ではなく、それぞれの学校で校長を中心に作成されます。そして次に、学校の教育目標の実現に向かって、部活動の運営方針が決定され、運動部や文化部を含む各部活動の活動目標が決定され、実践が行われるのです。

　さて、既に多くの意義や目標が出てきたので、どれを重視すればよいか迷ってしまうかもしれません。目標は一つでなくても構いません。 図4-3 のように階層的に落とし込むと分かりやすくなります。最終的には、学校の教育目標のもと部活動の運営方針が決まり、各部活動の目標と活動計画、そして生徒個人の目標と活動計画ができていきます。

図4-1　今後の学習指導要領改訂に関するスケジュール（現時点の進捗を元にしたイメージ）

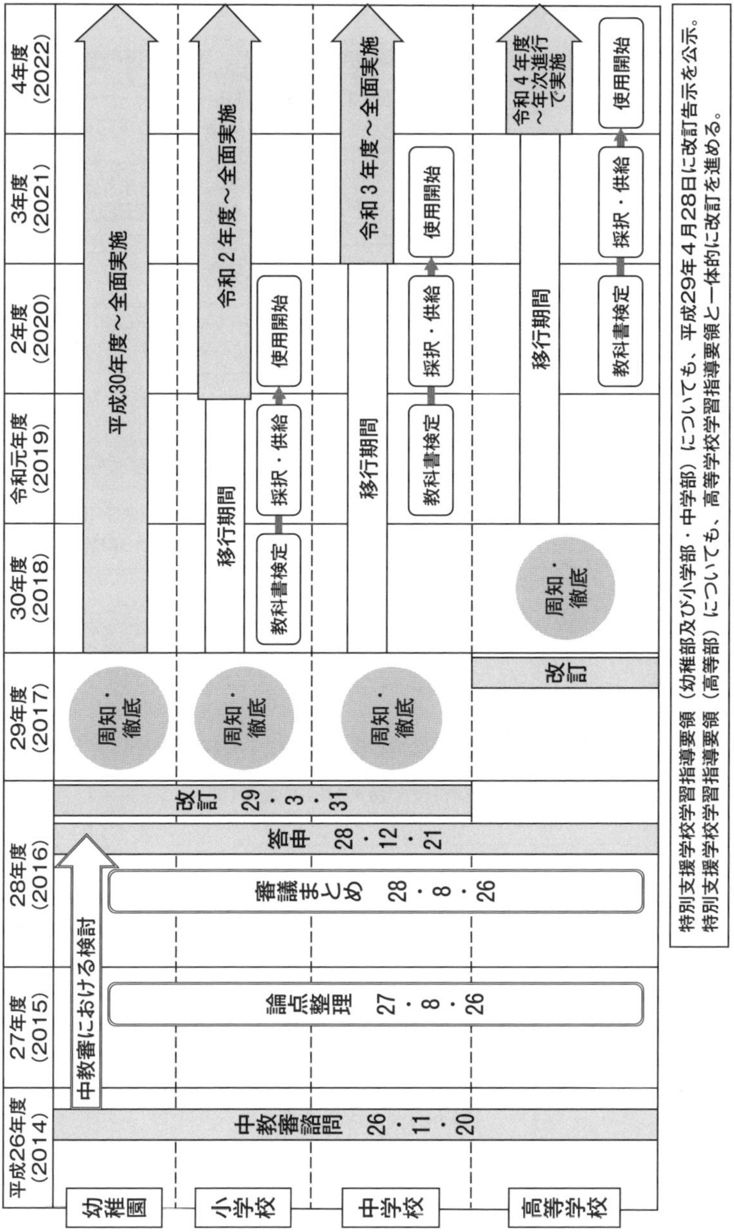

	平成26年度(2014)	27年度(2015)	28年度(2016)	29年度(2017)	30年度(2018)	令和元年度(2019)	2年度(2020)	3年度(2021)	4年度(2022)
	中教審諮問 26・11・20	中教審における検討 論点整理 27・8・26	審議まとめ 28・8・26 / 答申 28・12・21	改訂 29・3・31					
幼稚園				周知・徹底	平成30年度～全面実施				
小学校				周知・徹底	移行期間 教科書検定	採択・供給	使用開始	令和2年度～全面実施	
中学校				周知・徹底	移行期間	教科書検定	採択・供給	使用開始	令和3年度～全面実施
高等学校				改訂	周知・徹底	移行期間 教科書検定		採択・供給	使用開始 / 令和4年度～年次進行で実施

特別支援学校学習指導要領（幼稚部及び小学部・中学部）についても、平成29年4月28日に改訂告示を公示。
特別支援学校学習指導要領（高等部）についても、高等学校学習指導要領と一体的に改訂を進める。

出典：文部科学省「新しい学習指導要領の考え方」2017年

図4-2 学習指導要領改訂の方向性

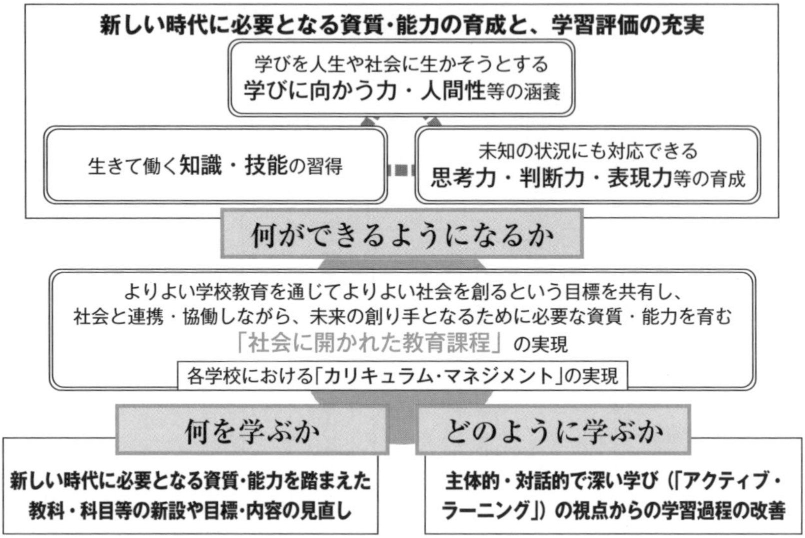

新しい時代に必要となる資質・能力の育成と、学習評価の充実

学びを人生や社会に生かそうとする
学びに向かう力・人間性等の涵養

生きて働く**知識・技能**の習得

未知の状況にも対応できる
思考力・判断力・表現力等の育成

何ができるようになるか

よりよい学校教育を通じてよりよい社会を創るという目標を共有し、
社会と連携・協働しながら、未来の創り手となるために必要な資質・能力を育む
「**社会に開かれた教育課程**」の実現

各学校における「**カリキュラム・マネジメント**」の実現

何を学ぶか

新しい時代に必要となる資質・能力を踏まえた
教科・科目等の新設や目標・内容の見直し

どのように学ぶか

主体的・対話的で深い学び（「アクティブ・ラーニング」）の視点からの学習過程の改善

出典：図4-1に同じ

図4-3 部活動の目的の階層的考え方

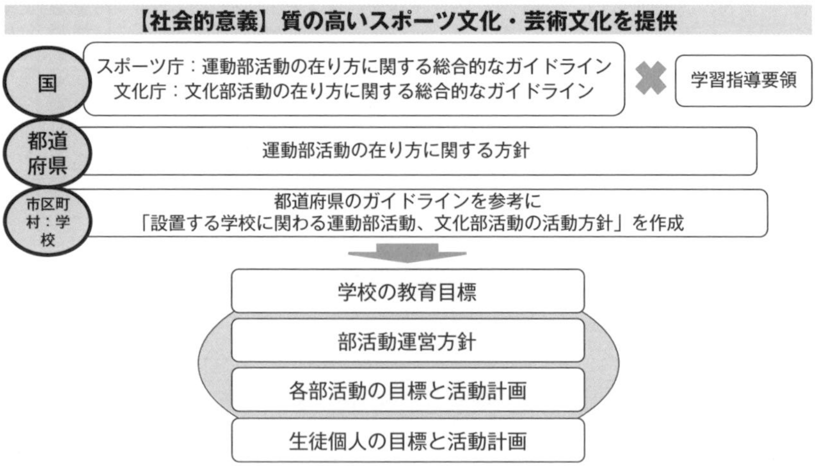

【社会的意義】質の高いスポーツ文化・芸術文化を提供

| 国 | スポーツ庁：運動部活動の在り方に関する総合的なガイドライン
文化庁：文化部活動の在り方に関する総合的なガイドライン | ✕ | 学習指導要領 |

| 都道府県 | 運動部活動の在り方に関する方針 |

| 市区町村：学校 | 都道府県のガイドラインを参考に
「設置する学校に関わる運動部活動、文化部活動の活動方針」を作成 |

学校の教育目標

部活動運営方針

各部活動の目標と活動計画

生徒個人の目標と活動計画

筆者作成

4 マネジメントの実行

1 PDCAサイクル

　皆さんが担当する部活動の社会的意義が確認でき、それを実現するための目標が設定できたとしたら、その目標を効率的に達成するためには、P（Plan）・D（Do）・C（Check）、A（Action）のサイクルを実施していきます。すなわち、事前に計画を立て（P）、計画を実行し（D）、活動後に結果と過程を評価する（C）というプロセスです（柳沢・清水・中西、2017）。

　実際に部活動を運営する上でのPDCAサイクルの作り方について、図4-4 を通して考えていきましょう。近年、さまざまな分野でPDCAサイクルが求められていますが、これは部活動においても活用できます。部活動指導員の皆さんは、2種類のPDCAサイクルを考えるとよいで

図4-4 部活動PDCAサイクル

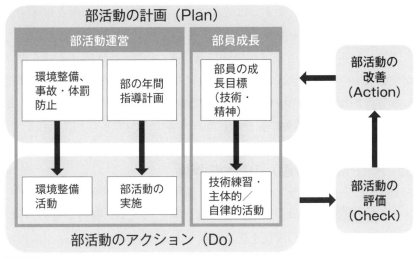

筆者作成

しょう。一つは部活動運営としてのPDCAサイクルで、もう一つは部員の成長を促すPDCAサイクルです（図4-4 参照）。部員の成長を促すPDCAサイクルについては、第7章のモチベーションを高めるというところとも関連するので、ここでは簡単に述べるにとどめておきます。

② 部活動運営としてのPDCAサイクル

部活動運営としてのPDCAサイクルでは、学校の教育目標等を意識しながら部活動の運営がスムーズに行われているかをモニタリングしていくことが必要です。その際、事故や体罰防止の視点、勉強との両立、合理的配慮の視点を忘れてはいけません。

どんなに大きな大会で成果を残したとしても、一つの大きな事故が発生してしまったり、体罰によって部員が追い詰められ、何らかのことが起こったりすると、部活動の存在意義そのものが問われることとなってしまいます。すべての人が安全・安心に部活動を行えるように配慮していきましょう。

部活動は、部員にとって青春をかけることができるほど大切なものですが、同時に学生時代の本分は勉強です。部活動と学業の両立が可能となるような運営方針を意識してほしいものです。

また、近年、障害者差別解消法に基づき、「合理的配慮」という視点が学校現場の中に取り入れられるようになりました。発達障害等の部員にも合理的配慮に基づいた平等な機会の提供と指導の工夫を行うことで、多様な部員が部活動に積極的に参加することができると思われます。

③ P（Plan／計画）のための準備

それでは、PDCAサイクルのP（計画）の具体的な例を見ていきましょう。図4-4 の通り、事故防止や体罰防止のための環境整備の計画、年間指導計画、個々の成長を促す計画を考えますが、その前に、現状把握や現状分析が必要となります。部活動運営の課題や部員自身の課題と

して、どんなことが考えられるでしょうか。現状把握の方法は、公刊されている研究や報告書などからも読み取ることができますし、直接部員や部活動関係者に話を聞くこともよいでしょう。次項ではいくつかの研究の知見を紹介します。

4　現状把握・現状分析の例

　中澤他「中学校部活動の指導・運営の現状と次期指導要領に向けた課題に関する教育社会学的研究」（2008）によると、「施設や設備、備品や道具が整っていないこと」について「困っている」と回答した割合は東京都が最も高く、6 割近くとなりました。そして全体的には、運動部（49.1％）より文化部（65.0％）の方が高い回答率となりました。その他にも部活動に人数が確保できず「困っている」のは、鹿児島県でほぼ半分、東京都では 38.8％ でした。同僚や管理職の理解不足は約 10％、家族の理解不足の割合は運動部が 16.7％ となり、文化部より高かったことが特徴的でした。

　文化部の課題として、文化庁「文化部活動の在り方に関する総合的なガイドライン」（2018）では、①「分野や活動目的、生徒のニーズ、指導者や顧問の関わり方、活動頻度や活動時間など極めて多様である」こと、②「大会やコンクール、コンテスト、発表会などに積極的に挑戦する生徒もいれば、友人とのコミュニケーションや自己肯定感を高める居場所として大切にしている生徒、中には部活動をきっかけに将来にわたり芸術文化等の専門家としての道を歩む生徒もいる」一方で、「部活動の選択肢が少ない等の消極的理由で文化部活動に入部する生徒もいる」など多様であること、③「本来の活動に加え、週休日等に地域からの要請により地域の行事や催し等に参加したり、運動部の応援として試合に同行したりする」ことで休みがとりにくいという状況が生まれること、などが挙げられています。特に③の地域の行事や運動部からの要請というのは、文化部独自のものだといえるでしょう。

以上は、あくまでも一般的な部活動が抱える課題になりますので、これらを頭の中に入れておきながら、皆さんが勤務する学校の中で実際に関係者に話を聞いてみましょう。部員との一対一面接も有効です。部員はどんな部活動をイメージしているのか、目標や困っていることなどを聞いてみましょう。

　『もしドラ』では、川島みなみの友達であるもう一人のマネージャーが長期入院していたので、「お見舞い」という名目のもと、すべての部員に対して入院中のマネージャーが複数回病院での「お見舞い面接」を行いました。その中で、部員の今の気持ちを引き出し、現状把握や分析を行っていきました。

⑤　部員によるPDCAサイクルの実施

　さて、現状把握ができたら、次は計画です。先ほど述べたように、計画を立てる時は、学校の教育目標を意識しつつ部員のニーズを反映させることを心がけてください。そして計画ができたら、実行、評価です。このPDCAサイクルは、何も顧問や部活動指導員のみで行う必要はありません。部員も参画することができます。もっといえば参画のレベルではなく、部員自身が計画や評価を自律的に行っていくことが理想的です。部員自身で部活動の運営を考え、どこが達成できたか・できなかったかをチェックし、次の計画につなげていきます。このプロセスこそが、部員自身のマネジメント能力を高めることにつながると思います。

⑥　部活動サミット

　第2章で既に説明していますが、ユニセフが提唱した「子どもの権利とスポーツの原則」の「1　子どもの権利の尊重と推進にコミットする」では、子どもの意見を尊重することが明記されており、新しい学習指導要領では、主体的・対話的深い学びが求められています。生徒の自主的な参加である部活動こそが、日本の教育の課題である生徒主体的・対話

的深い学びを実現しやすいのではないかと考えます。ここでは、生徒が主体的に活動している部活動サミットと部活動サミットの立役者となった静岡聖光学院ラグビー部の運営について紹介しましょう。

◆部活動サミットの開催

　2018年度に部活動サミットが静岡市で開催されました（図4-5）。主催は、学校や行政側ではなく、「1日60分練習」で花園大会出場を果たしている静岡聖光学院ラグビー部員でした。第1回部活動サミットの参加校は、静岡聖光学院ラグビー部のほか、北海道札幌南高校ラグビー部、広島県立安芸南高校サッカー部、静岡県立韮山高校写真報道部、藤枝順心サッカークラブジュニアユース、静岡市立安東中学校吹奏楽部、の6校でした。部活動サミットを通して、自分たちの練習方法や運営方法を見直したり、他校から刺激をもらったりと、まさにスポーツマネジ

図4-5　部活動サミットの様子

出典：スポーツ庁 Web 広報マガジン『DEPORTARE』2018年

メントが目指している「質の高い文化としてのスポーツを創造し供給する」ことを実践しているようです。

◆静岡聖光学院ラグビー部

　静岡聖光学院ラグビー部の練習は、火曜・木曜・土曜の週3回で、各60分、最大でも90分のみだそうです。情報共有を重視し、課題や練習メニューの共通把握を大切にしています。1時間しかない練習時間の最初の10分で、その日の練習メニューのポイントを共有するために必ず映像ミーティングを実施し、課題や練習メニューを全員で確認するそうです。また、部活動サミット終了後には、「一人1リーダー制」というものを始め、「給水ボトルのリーダー」や「ボールリーダー」など、細かいこと一つひとつにリーダー制を置いて、皆必ず何かのリーダーを務め、コミットメントを高めるそうです。静岡聖光学院ラグビー部の試みは、部員主体のマネジメントとして参考になります（大矢・岡、2019）。

5　マネジメントを成功させるための要素とは

① マネジメントに必要な資質

　部活動の運営目標が明確になり、計画も立てて、実際に部活動が軌道に乗ったとしても、ある時はマネジメントがうまくいっていると思えたり、そうでないと思えたりするでしょう。ドラッカーのマネジメントの本には、マネジメントを行う人に求められる資質について書かれています。どのような資質が必要だと思いますか。専門知識、人脈、体力、分析力、リーダーシップなど多くのことが思い浮かぶかもしれませんが、ドラッカーは、マネジメントを行う上で必要な能力は、「真摯さ」であると書いています。このことをぜひ覚えておいてください。部活動指導員として部活動をマネジメントする際には、「真摯さ」をもって臨んで

もらえば、おのずと結果はついてくるでしょう。

② 関係者への真摯な態度

　部活動をマネジメントするにあたっては、多くの人と関わり、ネットワークを構成することとなります（図4-6）。学校内では、生徒、学校の運営責任者である校長、顧問、担任、養護教諭、スクールカウンセラーなどが想定されます。学外では、行事や応援などで関わる地域の人、合同練習や練習試合などを一緒に行う他校の教員、各部活動が所属する

図4-6 部活動に関係するネットワーク

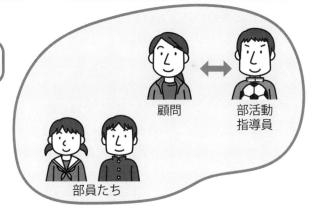

筆者作成

連盟（例えば中体連など）、そして保護者との関係などが考えられます。また、最近では、学校・保護者・地域が学校運営に関わっていくコミュニティスクール（学校運営協議会制度）の人たちも身近な存在です。

　これら部活動に直接的、あるいは間接的に関わる人にも、部活動指導員は、積極的に挨拶を行っていきましょう。ある部活動では、指導者が部員には挨拶を求めるのに、部員や保護者が指導者に挨拶をしても無視されるということが問題として挙がっていました。部活動を支えてくれる関係者に自らも温かい関心を持ち、「真摯な態度」を示してほしいと思います。その「真摯な態度」を部員は常に見ており、指導者の雰囲気は部活動の雰囲気と連動し、マネジメントに大きな影響を与えます。

③　保護者や関係者への発信

　また、部活動マネジメントの一環として、運営方針や部活動の様子を関係者に発信してほしいと思います。特に、直接関係する部員や保護者に対しては、部活動の運営方針を説明する保護者会を開くとよいでしょう。中学校でバレーボールの顧問をしていたある先生は、生徒と保護者を対象に頻繁に部活動便りを作成していました（図4-7）。これも大切なコミュニケーションの一つの方法です。

　参考までに、サンフランシスコでは、PCA（Positive Coaching Alliance：コラム②参照）の講師を招いて、年に数回保護者を対象とした説明会を開くそうです。はじめにチーム方針などを保護者に説明して、その後、子どもへの対応の仕方や応援の仕方などの研修を実施します。いろいろなことを試しながら、皆さんの持ち味を発揮したマネジメントを行ってみてください。

図4-7 部活動便りの例

挑戦！　**可能性を信じて。**　　　　中学校バレーボール通信

さぁ　目標に向かってスタートだ！

　合同練習会で新チームとしていいスタートを切れたと思います。2年生はそれぞれの課題を確認したし、チームとしての強さ・良さと弱点も明確になったと思います。また、1年生に一番不足している闘争心・向上心とは、どのようなものなのかも分かったのではないかと思います。

　今日から練習再開です。20日の「中学バレーボール大会」、25日の「ブロック夏季研修大会」、9月5日の「市民大会」とユニフォームを着用しての準公式戦が続きます。そして、10月の「ブロック新人大会」、11月の「東京都新人大会」へとつながっていきます。

　これからの3カ月間は、次の目標に向けて取り組むことが大切だと思います。
　　①元気を表に出せるチーム…声、表情、態度に
　　②攻めるレシーブをやろうとするチーム…開いて・止まって・前に　声も
　　③強いサーブが打てるチーム…コース、強さ・ミート　　毎日の積み重ね
　　④パス、つなぎのアタックが正確なチーム…先にミスをしないこと
　　⑤指示の声、プレイの声、カバーの声、読みの声…伸びるには、一番大切
　一人一人が、自分のことをしっかりと意識して練習することを、13人全員ができれば、どんどん強くなり、バレーボールがより楽しくなります。頑張りましょう。

1年生　もっともっと意欲を！

　先日の練習でも説明をしましたが、1年生が強くならないと2年生チームが伸びていきません。毎日の練習で2年生チームの相手をするのは1年生チームなのです。一番多く練習試合の相手となるのです。

　今のサーブ力で2年生チームからポイントが取れますか。今のアタック力で2年生チームに打って攻めることができますか。今のパス・レシーブ力で、2年生の攻撃を守り、攻め返すことができますか。

　「もっとうまくなりたい」「もっと強くなりたい」「もっと強いアタックを打ちたい」という意欲を持って練習に参加してほしい。これからの半年間、君たち1年生が2年生チームの練習相手となることが、2年生を伸ばすことと同時に、1年生チームの実力を高めていくのです。意欲と元気を出していこう。

菊山直幸作成

コラム②　　PCA の取り組み

　スポーツ先進国アメリカでは、ユース世代の教育環境を整える活動についての取り組みが盛んです。本コラムでは代表的な取り組みとして、ポジティブ・コーチング・アライアンス（以下、PCA）の取り組みについて紹介します。

　PCA は、ユーススポーツの文化をポジティブで人格形成に適した環境に変革することを目的に活動しています。指導者のみならず、保護者、そしてアスリート・子どもたちが、ワークショップやオンライン教育を通じて、スポーツ心理学に基づいた「勝利」と「ライフレッスン（人生における教訓)」の「ダブル・ゴール」の考え方を学ぶことができる環境づくりを行っています。

　どのように子どもたちの力を引き出すことができるのか、どうすればスポーツを通じて人生で成功するための術を教えることができるのか、といったことは現場に立つ指導者の悩みの種だと思います。「勝つことがすべて」だとチームで成功の定義を決めてしまうと、試合で負けてしまうと、試合に対して良い印象を持つことが難しくなってしまいます。一方で、「ダブル・ゴール」の基準に立ち、選手の個人的な成長や、敗北した時に学ぶ人生の教育を重視すると、指導者も満足を得つつ選手の次の成長が見えてくるようになっていきます。

　「ダブル・ゴール」を達成するために基本となる考え方は、ELMの頭文字で表されます。ELM（エルム）は、Effort（努力）、Learning（学び）、Mistakes are OK（ミスをしても大丈夫）のそれぞれの頭文字をとった略称のことです。野球でたとえるなら、ホームランを打った結果ではなく、ホームランを打つまでの素振りなどの努力、見稽古などの学び、三振などの失敗を糧に取り組んできた気持ちなどを評価することを促す考え方です。大切なのはプロ

セスに着目ができ、結果だけではなく ELM を評価できるチームの文化づくりを後押しすることだと PCA は考えています。コーチはもちろん、保護者の関わり方、そして子どもたち同士で結果を出すためのプロセスに焦点を当てた、仲間から称賛されるようなチームの文化づくりこそが「ダブル・ゴール」の原点となります。その結果、失敗を恐れず、学びを生かしながら挑戦し続ける気持ちを育むことができるスポーツの環境が整います。

　指導をするにあたって、褒めることは重要です。一方で、「結果」ばかり褒めるのではなく、「ELM」を捉えたプロセスに着目することで、果敢に挑戦する気持ちを持つ子どもを育むことができます。「結果至上主義」ではなく「ELM 重視」のコーチが今世界では求められています。

表 ELM チャート

「勝つこと」優先 コーチの基準	「ダブル・ゴール」なコーチの基準	
点数で表す結果を 重視する	努力したプロセスを 重視する	Effort
他の選手と自分を 比べる	学習して得たことを 評価する	Learnings
失敗を許さない	失敗しても OK	Mistakes are OK

筆者作成（©NPO 法人 スポーツコーチング・イニシアチブ）

復習問題

① スポーツマネジメントとアートマネジメントの目標とはどのようなものですか。本文中から抜き出しましょう。

② 部活動を運営する際に関わっていく可能性がある人または機関を、A〜Lからすべて選びましょう。

A 部員　　B 保護者　　C 顧問　　D 地域の人
E OB　　F 保健室の先生　　G 校長　　H 学年主任
I コミュニティスクールの人　　J 病院　　K 中体連
L スクールカウンセラー

③ 次のA〜Eの文章を読み、部活動のマネジメントの視点から適当なものには〇、適当でないものには×をつけましょう。

A 部活動のマネジメントは、学習指導要領に準ずる必要はない。

B 部活動は、生徒のためのものなので、保護者への説明の必要は全くない。

C 部活動は、学校の教育目標との整合性が必要である。

D 部活動指導員のコミュニケーションは、主に部長を中心に行えばよい。

E 部活動は、指導が大切なので、部員の意見はあまり反映させなくてよい。

❹　次の**A**〜**D**の文章を読み、正しいと思うものには〇、間違って
いると思うものには × をつけましょう。

　　A　部活動のマネジメントは、PDCA サイクルを意識する。

　　B　部活動の最終目標は、「全国大会出場」である。

　　C　部活動には、合理的配慮は必要ない。

　　D　文化部は、地域からの要請や運動部からの応援要請は、す
　　べて引き受ける必要がある。

第5章 部活動指導員の業務

学習のポイント
- 「部の活動計画」「学校教員や関係者との連携」「業務上の注意事項」を理解する
- 目標設定や活動観察、実技指導について理解する

　この章では、部活動の指導現場で実際に指導員が携わる業務について考えてみましょう。部活動指導員になるのは学校外の人ですが、部活動が行われるのは学校内であり、部員である生徒は学校のルールや規範の下で生活しています。そのような環境で部活動指導員が活動する際に心得ておくべきことを整理しておきましょう。

1 管理業務① 活動計画の作成

1 学校スケジュールの把握

　上述の通り、部活動は学校生活と密接な関係にあります。部活動指導員になるのは学校外の人なので、部活動以外の時間帯は一般の人と同じような生活を送っていることが多いでしょう。そうすると、部員を含む学校関係者と自分の生活リズムが異なる場合も出てきます。特に、学校が通常とは異なるスケジュールで動く期間においては、指導員は学校側との連携を密にし、無理のない練習予定および適切な目標を設定することが重要です。活動計画作成において把握しておきたい学校の予定表の例を載せておきます（ 表5-1 ）。

表5-1　学事暦（予定表）の例

日	曜	◯月	日	曜	□月	日	曜	△月
1	月	学校祭準備	1	木	夏期講習⑥	1	日	部活動短縮
2	火	学校祭準備	2	金	夏期講習⑦	2	月	部活動短縮
3	水	学校祭準備	3	土	夏期講習⑧	3	火	定期考査①
4	木	学校祭準備	4	日	夏期講習⑨	4	水	定期考査②
5	金	学校祭準備	5	月	夏期講習⑩	5	木	定期考査③
6	土	学校祭①	6	火		6	金	定期考査④
7	日	学校祭②	7	水		7	土	
8	月	後片付け	8	木		8	日	
9	火	振替休日	9	金		9	月	
10	水		10	土		10	火	職員会議
11	木		11	日		11	水	7時間授業
12	金		12	月		12	木	
13	土	進学希望者模試	13	火		13	金	
14	日		14	水		14	土	進学希望者模試
15	月		15	木		15	日	
16	火	職員会議	16	金		16	月	見学旅行説明会
17	水	7時間授業	17	土		17	火	
18	木		18	日	夏季休業終了	18	水	
19	金		19	月	全校集会	19	木	
20	土		20	火	職員会議	20	金	
21	日		21	水	7時間授業	21	土	
22	月		22	木		22	日	
23	火		23	金	学校見学会	23	月	
24	水	全校集会	24	土		24	火	
25	木	夏季休業開始	25	日		25	水	球技大会①
26	金	夏期講習①	26	月		26	木	球技大会②
27	土	夏期講習②	27	火	考査一週間前	27	金	球技大会予備日
28	日	夏期講習③	28	水	部活動短縮	28	土	
29	月	夏期講習④	29	木	部活動短縮	29	日	
30	火	夏期講習⑤	30	金	部活動短縮	30	月	全校集会
31	水		31	土	部活動短縮			

筆者作成

2 休養日の設定

　さて、活動計画（練習や試合の予定）を決める際に考えておかなくてはならないのが「休養日」の設定です。以前は運動部の休みといえば、お盆や大晦日、元日など1年に数日という学校も珍しくありませんでした。しかし現在では、休養日を設けなかったり体調を崩すほど長時間拘束したりといったいわゆる「ブラック部活」が問題視され、最低でも週に1日は休養日を設けたり、平日の下校時間も全体的に早まったりしています。これは、特に「運動―栄養―休養」のサイクルが重要となる運動部員の心身の健康にとって良い傾向であるといえるでしょう。

3 疲労回復・成長への配慮

　トレーニングの原理モデルの一つに「超回復モデル」（図5-1）というものがあります。これは、「適切なトレーニングによって生じた疲労（筋損傷など）が、適切な休息によって回復し、元のレベルを超える回復をもたらすこと」で、個人差はありますが、筋力トレーニングなどの超回復期間は48〜72時間といわれており、毎日行うよりも2〜3日

図5-1　一般的な超回復モデル

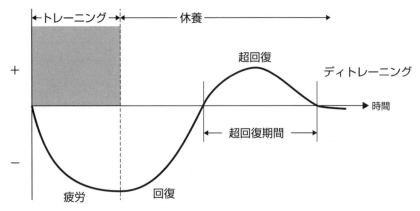

出典：日本トレーニング指導者協会編著『トレーニング指導者テキスト　実践編（改訂版）』大修館書店、2014年

おきの方が効果的ということになります。

　もう一つ考えておかなければならないのが「栄養と睡眠」です。超回復には成長ホルモンが不可欠ですが、成長ホルモンは良質な睡眠をとることで分泌されます。そして、良質な睡眠をとるためには食事の時間が重要になります。遅くまで練習し帰宅時間が遅くなれば、必然的に食事の時間も遅くなります。通常の食事の消化吸収には4時間前後かかるといわれていますから、遅い時間に食事をして胃腸に負担をかけるとスムーズに寝つけず、成長ホルモンの分泌が減り回復が遅れるだけでなく、成長期の発育にも悪影響を及ぼしてしまいます。これらのことからも、部活動指導員には適切な休養日や練習時間の設定が求められます。

4　大会等を見据えた活動計画

　さまざまな時間的制約はありますが、そのような状況でも部活動指導員には各種大会スケジュールに合わせた練習メニューの作成能力が求められます。運動部においても文化部においても、一年中同じ練習内容のままでいると、プラトー（練習効果の頭打ち現象）やオーバーワーク（練習のしすぎ）、マンネリ化（精神的な飽き）といった現象が発生しやすくなり、大会でピークパフォーマンスを発揮することが困難になります。そのような事態を防止し、長期にわたって練習効果を効率よく得るために用いられるのが「期分け（ピリオダイゼーション）」です。

5　ピリオダイゼーションの構成

　ピリオダイゼーションを構成する練習やトレーニングの時間構造について、1回の練習（トレーニング）のことを「セッション」、それが何日か集まって（1週間単位が多い）「ミクロサイクル」、またそれがいくつか集まって（2～8週間程度）「メゾサイクル」、そして一年間で考えるものを「マクロサイクル」と呼びます。一般的なピリオダイゼーションは、①準備期（一般的準備期・専門的準備期）、②試合期、③移行期、

表5-2 ピリオダイゼーションの構成

メゾサイクルの分類		概要
①準備期	一般的準備期	大きな負荷を一定期間かけることで一時的な体力低下などが起きるが、最終的にトレーニング前よりも向上することを目的とする。
	専門的準備期	蓄積した疲労を回復しつつ、より専門的な体力要素を引き出すことを目的とする。
②試合期		コンディションを整えパフォーマンスの安定化を図る。
③移行期		身体的・精神的疲労回復、けがの治療、前シーズンの分析と評価、新たなシーズンの計画を行う。

筆者作成

表5-3 ピリオダイゼーションの例

月	1	2	3	4	5	6	7	8	9	10	11	12
日程												
期分け	準備期①			試合期①			準備期②	試合期②			移行期準備期	
	筋肥大期	筋力強化期	パワー期	維持期	ピーキング期	積極的回復期	筋力強化期	維持期	ピーキング期	積極的回復期	筋肥大期	

※日本トレーニング指導者協会編著『トレーニング指導者テキスト 実践編（改訂版）』（大修館書店、2014年）を参考に筆者が作成した。

の3つのメゾサイクルで構成されます（表5-2）。

　これらのことを踏まえ、指導員は大会から逆算して適切な練習予定を作成しなくてはなりません（表5-3）。この計画により試合結果が左右されることもあり、プレッシャーがかかりますが、指導員の腕の見せ

所でもあるのです。

2 管理業務② 顧問の教員との連携

1 教員の不在に備える

　部活動指導員が指導を行う際、顧問の教員や担任の教員などが不在の場合もあります。また、技術指導だけでなく、大会やコンクールなどへの帯同や引率をすることもあるでしょう。時には試合の指揮をとることもあるかもしれません。こういった場合、指導の事前・事後に教員と情報を共有しておくことが重要です。

　また、十分な打ち合わせをしていたとしても、突発的なけがやトラブルが発生することもあります。こういった場合に、すぐに顧問の教員に連絡がとれるよう備えておきましょう。時には顧問会議に出席して生徒の様子を報告したりすることもあるでしょう。その際スムーズに進行できるよう、あらかじめ生徒の名簿を作成しておくことも必要なスキルです。

2 会計管理

　他にも部活動指導員が関与する可能性があるのは、お金の管理です。部活動の運営には少なからずお金がかかります。そして、そのお金は学校の公費であったり、保護者から集めた部費であったりと、特に取り扱いに注意が必要なものです。用具の購入や遠征費など、比較的大きい金額を管理することもあるため、防犯意識をより高く持ち責任を持って運用しましょう。そして、保護者会の総会などの場で、一年間の決算報告を行うことも重要です。お金の問題で指導員が解雇されるというのもあり得ない話ではありません。そのような事態を招かないためにも、使途不明金などが出ないよう、会計管理は確実に行いましょう。

3 管理業務③ 関係者との連携

■1 保護者との連携

　部活動は学校内で行われることがほとんどですが、その活動は学校外のさまざまな関係者や機関に支えられて成り立っています。特に生徒の保護者は、平日だけでなく休日も朝早くから弁当を作ったり、送り迎えをしたりと、部活動のスケジュールに合わせて生活する人も珍しくありません。さらには、入部の際には入部金やユニフォーム代など、夏休みや春休みには合宿や遠征費などがかかる場合も多く、費用の面でも保護者の支援は欠かせません。このような状況において部活動を円滑に運営するためにも、定期的な保護者会の開催が必要不可欠となっています。

　保護者会は基本的に「責任教師」と呼ばれる顧問の教員と保護者会役員が協力して催しますが、開催にあたっては部活動指導員も尽力すべきでしょう。特に、保護者による部活動への理解と協力に対し感謝の意を表するとともに、部活動指導員が生徒と普段どのように関わっているのかを知ってもらうことが重要です。大切な子どもを部活動に預けている保護者にとって、どのような人間が指導に携わっているのかは非常に気になるところでしょう。

■2 統括組織との連携

　他にも部活動の指導者が連携を図っておくべきなのは、各連盟や協会といった統括組織です。公式の大会やコンクールなどは連盟や協会主導で行われ、そこに所属する各学校の運動部・文化部の部員や指導者は、出場者としてだけでなく運営スタッフとしての役割も担います。

　各大会が行われる地区では、その運営を地区に所属する学校が持ち回りで担当する「当番校」という形式をとっているところが多く、会場設営やグラウンド・コート整備、チケットや大会パンフレット販売など、

さまざまな業務があります。それらの業務を行う生徒をバックアップしながら、連盟や協会と連絡・調整を図り、大会が滞りなく進行するよう努めましょう。

3　地域との連携

　学校の所在地の周辺地域との連携も重要です。多くの部活動は学校内で行われますが、時には学校外に出て活動することもあるでしょう。例えば、学校の敷地が狭く練習や試合のスペースが確保できないため公共施設（体育館やグラウンド、地域交流センターなど）を利用したり、雪国では冬期間グラウンドが使用できないため地域の室内練習場を利用したりする場合です。

　当然のことながら、それらの施設は一般の人も利用していますので、そこで部活動を行う際にはいくつか注意が必要です。施設職員への丁寧な挨拶（入退場時）、靴や持参した荷物の整理整頓（大人数での利用となることもあるため、乱雑な靴の脱ぎ方や荷物が通路を塞いでしまうことがないように気をつけましょう）、他の利用者への挨拶や配慮（同じ空間を共有するため、お互いが気持ちよく利用できるように気を配りましょう）など、部活動指導員本人はもちろん、生徒にも周知徹底させましょう。

4　地域の子どもたちとの連携

　また、地域の子どもたちとの連携も大切な業務の一つです。

　例えば、ある地域の高等学校では地元の少年団を定期的に練習場へ招き、合同練習や技術講習会を開催しています。子どもたちにとっては、プロ選手などと関わることも大きな体験ですが、一人ひとり親身になって教えてくれる高校生は最も身近なヒーローとして憧れの対象となっています。さらに、その少年団を「○○（高等学校の名前から一文字とって）ちび（ちびっこの略）」と親しみを込めて呼び、毎年高校生が卒業して代替わりしていく中で十年以上活動が引き継がれています。少年団

出身の子が数年後その高等学校に入学することも多く、近年過疎化が進んでいる地域でありながら十分な部員数を維持しているのです。

5　地域に貢献する部活動

こういった地域団体との連携は、学校や部だけでなく地域の活性化にとっても非常に有益だと思われ、部活動指導員は学校と地域の橋渡し役としても期待されていることでしょう。

その他にも、地域清掃（ごみ拾い）を行ったり、雪国では除雪ボランティアを実施したりする部も多く、地域住民（特にお年寄り）の生活と部活動は切っても切れない関係にあるといえます。このような活動にも部活動指導員は積極的に関わっていくべきでしょう。

4　管理業務④　その他の注意事項

1　ソーシャルネットワークサービス（SNS）の活用

近年のソーシャルネットワークサービス（以下、SNS）の発展に伴い、保護者への連絡や部活動の情報発信にSNSを活用する学校が増えています。総務省「平成30年通信利用動向調査の結果」（2019）によればSNSの利用率は年々増加しており、年齢階層別の調査において13〜19歳の利用率（75.0％）は全体で2番目の高さでした（1位は20〜29歳の78.5％）。そして、全体で4番目に利用率の高い年齢階層は40〜49歳（70.6％で、3番目に多い30〜39歳とは4.2％差）だったのです。

このことから、部活動に参加する生徒とその保護者が同程度SNSを利用していることが分かり、部の諸連絡や情報発信にSNSが選択されるのも頷けます。また、誰でも気軽に閲覧できるため、部の広報活動の一環として利用されることもしばしばでしょう。

② SNSによるトラブルを防ぐ

　しかし、部活動におけるSNSによるトラブルも散見されるようになっています。特に、SNSを使った部員間のいじめの問題は深刻で、最悪の場合いじめられた生徒が自ら命を絶ってしまうこともあるのです。

　このように、高い利便性がありながらも取り扱いには十分注意が必要なSNSをどのように使いこなしていくかは、今後の部活動指導員にとって重要な課題です。特に生徒の個人情報の取り扱いには細心の注意を払い、写真や動画をアップロードする際には肖像権や著作権の侵害に当たらないかどうか、顧問の教員も交えて複数人でチェックしましょう。

③ 引率

　前述の通り、部活動指導員が大会（対外試合）やコンクール、合宿などの引率を行う場合があります。移動の際のバスの手配、現地での練習場、食事や宿泊場所の選定から予約に至るまで、まるで旅行会社の添乗員のようです。さらに、屋外での活動が主となる部活動の場合は天候にも左右されるため、より臨機応変な対応が求められます。このような点からも、部活動指導員には何が起きても取り乱さない冷静さと柔軟な思考が求められるといえるでしょう。

5 指導業務① 目標設定および生徒の観察・実技指導

① 目標設定の意義

　部活動指導に際して、まずは具体的な指導目標を立てることが必要です。なぜならば、適切な目標設定（図5-2）にはさまざまな効果が期待できるからです。杉原（2008）によれば、人は目標を設定すると自分やチームの現状と理想とのギャップが分かり、その不均衡を解消しようと意欲が湧いてくるといいます。そして、目標達成によって得られる自

図5-2 目標設定のプロセス

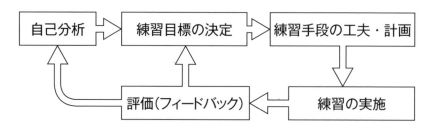

出典：杉原隆『新版 運動指導の心理学』大修館書店、2008年

己決定（自分の思い通りに物事を進められる）と有能さ（自分の能力の高さ）の認知が内発的動機づけ（自分を成長させることに楽しみを覚え、自主的・主体的に練習や学習を行う）を促進します。

　また、取り組んでいる練習法が目標に対して効果的かどうか常に評価できるようになるため、やらされる練習（受動的な練習態度）やマンネリの練習（いつも同じような練習）がなくなり、質の高い練習（無駄がなく中身が濃い）が可能となります。このように「目標設定→練習法の工夫→結果の評価」を繰り返すことで、指導者に依存せず高い専門知識を備えた自立的な選手が育つことが期待できます。

2 　目標設定の方法

　さて、目標の具体的な中身ですが、部活動が学校内での活動であることを考慮し、学校の教育目標に沿って決めるべきでしょう。

　いくつかの学校で実際に掲げられている教育目標と、そのベースとなっている教育基本法第2条「教育の目標」を概観すると、「自主的・自律的・主体的・協力（協調性）・個人の価値（個性）の尊重・健やかな身体」といったキーワードが共通していることが分かります。

　これらのことから部活動指導員は、部活動の指導を通して「常に自分から行動に移し、自分のことは自分でやり、何事も自分のこととして責

任を持ち、他者と協力し合い、個性を伸ばし、心身ともにたくましい人間」を育てることを基本的な目標とし、そこに部や個の状況に応じた目標を付け加えていくとよいでしょう。その際、表5-4 の原則を念頭に置いて目標設定をすると、達成の可能性が高まります。

表5-4 目標設定の原則

原則	概要
①短期的な目標を設定する	大きな目標（長期目標や中期目標）だけでは、達成の見通しが立ちにくく挫折しやすい。日常の練習に直結した短期目標（今日→今週→今月など）を達成していくことで中・長期目標達成の希望が生まれてくる。
②具体的な目標を設定する	「ベストを尽くす」などの一般目標は漠然として曖昧なため達成度の評価が困難であり、「優勝する」などの結果目標は偶然に左右されるため自身でのコントロールが困難である。そこで、「シュートの決定率を60％にする」など測定や評価が可能なパフォーマンス目標を設定する。
③挑戦的かつ現実的な目標を設定する	目標は、容易すぎても困難すぎてもモチベーションの低下を招く。「努力してなんとか達成可能」な難易度が最も有効である。
④目標達成のための方策を明確にする	目標が決まったら、その目標を達成するための練習方法を選択して練習スケジュールを立てる。その際、練習内容の決定や工夫に関する生徒たちの考えを尊重し、各自が責任を持って取り組めるようにする。指導員は、練習方法が適切かどうかチェックし助言者に徹する。
⑤フィードバックを利用する	目標に対する自身の進歩・向上度合いをフィードバックされることで目標設定は有効に作用する。目標だけ与えられてフィードバックがなされない場合と、目標提示がないのにフィードバックだけが与えられる場合のいずれも「どちらも与えられない」場合と差がないことが分かっている。

※ 杉原隆『新版 運動指導の心理学』（大修館書店、2008年）をもとに筆者が作成した。

3 実技指導を始める前に

　目標設定が完了したら、実際の練習においてどのような指導をすべきなのか考えていきましょう。部活動指導員の多くは、それぞれの専門分野について豊富な知識と経験を有していると思われます。ゆえに、部活動の現場に立つと、すぐに生徒に実技指導や修正点の指摘をする（したくなる）人もいるでしょう。

　しかし、少し待ってください。生徒にとって部活動指導員は「新しく来たコーチ」のような存在です。初対面のコーチにいきなり自分の欠点を指摘され、否応なしに実技指導が始まれば、生徒はどのような気持ちになるでしょうか。急な展開に戸惑い、動揺し、心を閉ざす生徒もいるでしょう。中にはそういったコーチングでも問題なく馴染んでいける生徒もいますが、指導員の当初の見立てが必ずしも正しいとは限りません。

　そこで、本格的な実技指導に入る前に（指導が始まってからも）行ってもらいたいのが「観察」と「承認」です。

4 観察

　例えば、図5-3はフリースタイルスキー選手のジャンプ（ヘリコプターといいます）を動作解析している時の様子ですが、この選手の良い

図5-3　ジャンプ動作（踏み切りから回転まで）解析の様子

筆者作成

点と改善すべき点がすぐに分かるでしょうか。その競技の専門家である指導員ならば一目で判断できるかもしれませんが、生徒がなぜそうなったのか、普段はどのような練習をしているのか、どのような性格や考え方なのかなど、時間をかけて観察をしないと見えてこないこともたくさんあります。観察に時間を割かずに指導を急いでしまうと生徒の本当の姿を見誤り、見当違いのアドバイスをしてしまうかもしれません。部活動指導員はまずは言いたいことをグッとこらえ、ぎりぎりまで口出しをしないことを心がけたいものです。

⑤　承認

　既に述べたように、欠点の指摘のような否定からコーチングが始まってしまうと、「僕（私）のことを何も知らないくせに……」と感じた生徒のモチベーションは急激に下がります。かといって、無理やり褒めることも、やはり「何も知らないくせに……」と疑念を抱かせてしまう場合が多いためお勧めできません。そこで「承認」が必要となります。

　承認とは、相手を否定せず、褒めもせず、「あるがまま認める」ことです。「君はここまでできているんだね」「あなたは今こういう状態なのかな」など、生徒を客観的に見て的確に伝えることで、「この人は分かってくれている」という信頼感につながっていくのです。そして、この承認を行うためには念入りな「観察」が必要なのです。

⑥　実技指導の流れ

　こうして生徒の実態を把握した上で、部活動指導員は生徒それぞれに合った指導方法を選択し提供できることが必要で、大まかな流れとしては「基礎・基本の徹底→主体的な練習」となります。

　芸術・文化・スポーツ・武道などさまざまな部活動がありますが、いずれも大きな成果や成功は基礎・基本の上に成り立ちます。基礎・基本練習は反復練習がほとんどで、生徒も指導者も根気のいる作業ですが、

時に励まし、時には叱りながら築き上げた土台に、生徒一人ひとりが自ら考え、基本を応用し、独自の色をつけていく主体的な取り組みを上乗せしていくのです。指導員はまず基礎・基本の大切さを生徒に伝え、共に実践し、そこから先は生徒が自分で考えられるようサポート役に徹していくことが肝要です。

７　人間性を育てる指導

　また、部活動は勝利や成功を目指す集団であると同時に、一つのコミュニティでもあります。その中で生活していくにあたり、ルールや規律を守るといった規範意識を持たせ、礼儀やコミュニケーションスキルといった社会的態度を育成することも部活動指導員の大切な務めです。

　「日本スポーツ協会公認スポーツ指導者概要」（公益財団法人日本スポーツ協会、2005）によれば、スポーツ指導者の役割として技術指導の他に「スポーツを通して豊かな人間性を涵養すること」とあり、アメリカでは近年「勝利」と「人間的成長の促進」を同時に目指すという「ダブル・ゴール・コーチング」（Thompson, 2003）が注目を集めています。このように、技術の伸長や勝利だけが指導員の役割ではないことが分かります。

6　指導業務② 部や個人の状況に応じた柔軟な対応

１　個や学年に応じた評価・指導

　部活動にはさまざまな生徒が参加しており、部活動指導員にはその部や個人の状況に応じた柔軟な対応が求められます。そこで、各生徒の違いを、身体的なもの（体格や体力、技能など）と心理的なもの（性格や志向性など）に分けて考えてみましょう。

② 身体的な違いへの配慮

　身体的な特徴が個々人で大きく異なるのは主に中学生でしょう。中学生の中には、小学生に見間違われそうな１年生もいれば、既に高校生かと思うような３年生もいます。宮下（2007）によれば、12 〜 14 歳頃は体力要素の中でも「ねばり強さ」が身に付き、幼少期に習得した基本的運動スキルを専門種目の動きに転化させていく時期とされています。しかしながら、先述したように同一年齢（学年）の中でも発育・発達には個人差があるため、全員一律の練習法というわけにはいきません。

　そこでヒントとなるのが、生徒の身長から成長曲線を描き、トレーニング計画を立てるという考え方（遠山、2019：図5-4 ）です。これは、子どもの成長を２〜３歳以外で身長の伸び率が高い時期（TOA：Take off Age）と年間で身長の増加量が最も高くなる時期（PHVA：Peak Height Velocity Age）、身長の増加量が１センチ未満になる時期（FHA：

図5-4 　ジュニア期における年間身長発育曲線

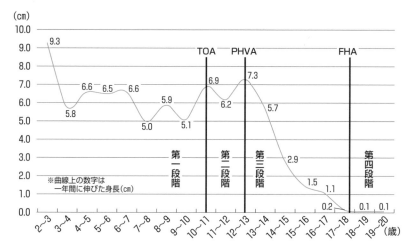

出典：遠山健太「球児はいつから筋トレを始めていいの？身長発育曲線より考察」『BASEBALL GEEKS』2019 年

Final Height Age）とに分け、それぞれの時期に応じたトレーニングを
しようというものです。

　例えば TOA から PHVA までの間は第 2 段階と呼ばれ、急激に身長
が伸び始めます。この時期は筋力がまだ十分ではなく、無理に筋力トレ
ーニングなどを行うとけがをする危険性があるため、柔軟性や持久力を
高めるようなトレーニングを選択すべきでしょう。そして、女子の場合
はさらに内分泌（ホルモン）にも変化が現れ始める時期なので、体重や
筋力などのコントロールが難しくなります。このように、さまざまな角
度から生徒を観察し、最適な指導を心がけましょう。

３　技能に関わるさまざまな要因

　次に、生徒の技能についてはどのように判断すべきでしょうか。目標
とする動作やプレー（技術）がうまくいかない時、練習量はもちろんで
すが、生徒の能力に問題があると考えてはいないでしょうか。

　実は、これにも前述の発育曲線が大きく関与しているといわれます。
TOA 以前は第 1 段階と呼ばれ、この時期にできるだけ多くの基本的運
動スキル（「はしる」「なげる」「とる」「とぶ」「まわる」など）を経験
していることが、後の運動技能習得において非常に重要と考えられてい
ます（遠山・小俣、2016）。

　また、成長期においては急激な身体の変化に技能が追い付いていない
場合もあります。指導員は、生徒の動作やプレーが「なぜそうなってい
るのか」と常に考えておく必要があるでしょう。

４　志向性の２つのタイプ

　最後に、性格や志向性などの心理的なものについて考えてみましょう。
人の性格は十人十色ですが、その人の興味・関心がどこに向けられてい
るかによって大きく２つに分けられます。一つが主に他人や外界に向け
られている外向性、もう一つが自分自身に向けられている内向性です。

外向性タイプの生徒は、高い刺激（大観衆など）があるほど実力を発揮する傾向がありますが、一つのことを継続するのが苦手で、練習時に刺激がなくなってくると伸び悩むという側面もあります。一方、内向性タイプの生徒は、高すぎない刺激（静かに集中できる環境）の中で実力を発揮する傾向があり、一つのことにじっくり取り組み確実に成長しますが、その分マイペースで成長がゆるやかなため、周囲をやきもきさせることもあるでしょう。

外向性タイプの生徒には積極的に関わり常にいろいろな刺激を与えつつ、定期的に自分を振り返る作業をさせてあげると能力が向上しやすいでしょう。内向性タイプの生徒の場合は適度な距離感を保ちつつ、伸び悩みを感じたら外界（普段は意識しにくいライバル選手や他の部員、海外のパフォーマーなど）に目を向けさせてあげると急激に成長を遂げることがあります。

5　モチベーションの2つのタイプ

また、モチベーションのタイプも大きく2つに分けられます。一つが主に外的報酬によって意欲が喚起され行動に移す外発的動機づけ、もう一つが行動そのものに魅力を感じ（報酬が内在している）意欲的に行っている内発的動機づけです。外発的動機づけによって部活動に参加している（例えば、試合で活躍したらお小遣いがもらえるために頑張っている）生徒は、外的報酬（お小遣い）が減ったりもらえなくなったりすると意欲を失ってしまうことがあります。一方、内発的動機づけによって部活動に参加している（例えば、楽器演奏がたまらなく好きで吹奏楽部に所属している）生徒は、行動できる条件（楽器や演奏の機会）がある限り行動が持続します（行動そのものに報酬が内在しているとも言えます）。

6 部員の心理的タイプに合わせた指導

　部活動指導員は、これらのことを考慮しながら、生徒がどのようなタイプかを判断し、それぞれに合った方法でコーチングするとよいでしょう。しかしながら、生徒のタイプがいつでも外向性と内向性、外発的動機づけと内発的動機づけのどちらかに完全に分かれるとは限らないことに注意してください。人間誰しも、外向的な部分も内向的な部分も持ち合わせていたり、普段はご褒美を目当てに頑張っている人が、その活動の魅力に惹きつけられ黙々と取り組むようになったりすることがあります。

　また、事例として、夢中になって（内発的動機づけによって）絵を描いている子に対し「上手だね」と褒めながら飴玉（外的報酬）をあげたところ、翌日からその子はご褒美なしでは絵を描かなくなってしまった例（内発的動機づけのアンダーマイニング効果〈脇田・越智、2003〉）や、その逆で、体育の授業中、先生に褒められたことがきっかけで（外発的動機づけによって）競技にのめり込み（エンハンシング効果〈脇田・越智、2003〉）、オリンピック代表にまでなった陸上競技選手の例などがあります。指導者の関わり方一つで生徒の運命が大きく変わることに留意しておきましょう。

7 保護者や地域住民との連携

　柔軟な対応が求められるのは生徒に対してだけではありません。成長期にある生徒の身体づくりや健康の保持増進のために、保護者には栄養バランスなどに配慮した食事や良質な睡眠の提供など、できる限り協力を求める必要がありますが、あまりに要求水準が高いと家庭の状況によっては大きな負担になってしまいます。指導員は、そのようなことも考慮し、できるだけすべての家庭で実現可能な案を複数用意するべきでしょう。

　また、学校規定や行事との兼ね合いで早朝しか活動できない場合もあ

るかもしれません。そのような時はあらかじめ地域の人と連携をとり、かけ声や用具の音などに十分配慮して近所迷惑とならないよう徹底しましょう。

8　緊急時の対応マニュアル

　部活動はいつ何が起こるか分かりません。そのため、日常から緊急時の対応マニュアルを作成しておくことをお勧めします。

　まずは「連絡体制の確立」です。トラブルが発生した場合、最優先で連絡をとる人、その人につながらなかった場合に連絡をとる人（3人目程度までいるとよいでしょう）の連絡先を周知し、練習場などにも掲示しておきましょう。

　また、けがや体調不良者が出た場合の応急処置や心肺蘇生の方法、周辺の医療機関の情報などを、1冊の手順書にまとめておくのも重要です。「何か起きてから」では遅いのです。部活動指導員は常に細心の心構えをして活動にあたってほしいものです。

復習問題

❶ ピリオダイゼーションを構成する「練習の時間構造」のうち、1週間単位でひとまとまりと考えるものを**A**〜**D**から選びましょう。

    A マクロサイクル   **B** メゾサイクル
    C ミクロサイクル   **D** セッション

❷ 次の**A**〜**D**の文章を読み、部活動指導員の管理業務として適当なものには○、適当でないものには×をつけましょう。

    A 顧問の教員が不在の時に部活動指導員が指導を行うことはないので、指導の事前・事後に情報共有を行う必要はない。

    B 部活動は生徒の保護者に支えられている部分も大きいため、保護者会との連携は不可欠である。

    C 地域の子どもたち（少年団など）は部外者であるため、トラブルを避けるためにも、学校に招いたり部員たちとの接点を持たせたりしてはいけない。

    D SNSは誰でも気軽に利用できるため、部の広報活動に使われるケースも多いが、個人情報の取り扱いや肖像権、著作権の侵害などには十分注意が必要である。

❸ 部活動指導員が生徒を指導する際に「技術（技能）の伸長」や「勝利（成功）」の他に心得ておかなくてはならないことは何ですか。**A**〜**G**から適当なものを3つ選びましょう。

    A 欠点の指摘   **B** 褒める   **C** 観察   **D** 根性
    E 生徒の人間的成長   **F** 承認   **G** 従順

❹　次の**A〜D**の文章を読み、部や個人の状況への対応として生徒
の身体的・心理的な違いに関する視点から適当なものには〇、適
当でないものには × をつけましょう。

A　生徒一人ひとりの発育・発達には個人差があるため、特に
　身長の伸び方に注意しながら、無理のないトレーニング計画
　を立てるべきである。

B　生徒の技能が向上しない原因は生まれつきのものなので、
　中学校や高等学校の部活動において生徒の様子を注意深く見
　る必要はない。

C　外向性や内向性、外発的動機づけや内発的動機づけなどの
　生徒の心理的な特性は必ずどちらかに分類できるため、タイ
　プに応じた指導を行うべきである。

D　指導者の関わり方（外的報酬）によって内発的動機づけが
　低減したり増加したりするため、指導者は生徒への言葉がけ
　や叱咤激励の仕方に細心の注意を払う必要がある。

第6章　児童・生徒の理解

学習のポイント

● 児童・生徒の身体的発達および精神的発達について理解する

● 指導者・仲間・親と児童・生徒の関係を理解する

　ここまでは、学校組織内の部活動の位置づけやマネジメント方法、部活動指導員の役割などについて見てきました。この章では、直接生徒に関わる際に重要になる児童・生徒の心身の発達について理解していきましょう。

1　児童・生徒の身体的発達

　現在の部活動指導場面では、過去に経験があり、専門として取り組んだことのある活動を指導する場面は少なく、専門的指導力が不足していると感じている指導者が多くいます。しかし、どのような部活動でも共通しているのが児童・生徒の身体の発育です。

　児童・生徒の身体を健全に育成させ、部活動を通して心身を成長させるためには、技術に関する専門的な知識の有無よりも、まず、身体の発育の段階や特徴を理解することが重要です。部活動に参加している時期は、子どもから大人へと身体が著しく変化する時期であり、特に運動部活動では身体活動を伴うため、児童・生徒の身体特性を理解することがより重要になります。

1 スキャモンの発育曲線 (Scammon's growth curve)

　身体は要素によって一生のうちで発育する時期が異なります。スキャモン (Scammon, R. E.) は、ヒトの身体の発育を大きく4つのパターン (神経型・一般型・生殖型・リンパ型) に分類しました。 図6-1 の発育曲線は、4つのパターンに分けられた各臓器・器官の重量をもとにし、加齢変化を曲線で図式化したものです。各種類の発育の変化を見ていきましょう。

◆神経型

　神経型は、出生後から小学生の低学年時期に顕著で、脳や脊髄、視覚器など中枢・末梢神経系に関する身体の機能が著しく発育します。この時期は、神経系の伝達などを習得する時期です。

図6-1 スキャモンの発育曲線

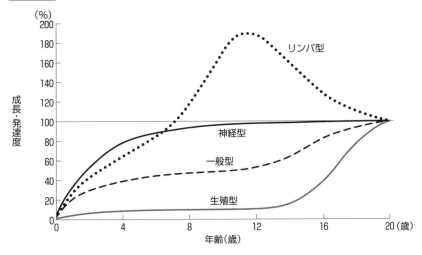

原著：Scammon, R. E., "The measurement of the body in childhood", *The measurement of man*, University of Minnesota Press, 1930.
出典：倉石哲也・伊藤嘉余子監修／伊藤篤編著『保育の心理学』ミネルヴァ書房、2017 年

◆一般型

　一般型は、出生時に著しく発育し、小学校の中学年の時期までは比較的ゆっくりと増加、その後、小学校高学年から中学・高校生の時期に急激に発育します。一般型は、筋肉や骨格系、呼吸器系や消化器系など全身の内臓器官（心臓、肺、肝臓など）に関する身体の機能を示します。

◆生殖型

　生殖型は、小学校高学年まで緩やかに発育し、中学生から成人の時期に急激に発育します。生殖型は、睾丸や卵巣などの臓器や器官を示します。中学校入学前後に、女性は月経が始まり、女性ホルモンの分泌が急激に増加します。また、男女ともに成長ホルモンの分泌も増加します。

◆リンパ型

　リンパ型は、他の型とは異なる発育パターンで、小学校から小学校高学年の時期に成人の約２倍にも増加し、その後、徐々に減少します。リンパ型は、主に胸腺やリンパ節などリンパ組織に関する身体の機能を示します。

② 各型の発達時期の違いとスポーツの関係

　「発達時期は理解したが、どのようなことに留意しなければならないのか」と疑問に思う人も多いと思います。ここでは、各型の発育時期の違いとスポーツとの関係について見ていきます。

①神経型／乳幼児期〜小学校低学年

　スキャモンの発育曲線にもあるように、乳幼児期から小学校低学年の時期は「神経型」が著しく発育します。この時期は、脳や神経系が著しく発育するとともに、不必要な神経が除去され、より効率的で機能的な神経回路が形成されます。そのため、意識的にリズム感のある動きやさ

まざまな動きを取り入れ、神経系に刺激を与えることが重要です。さまざまな動きを取り入れることで動きのレパートリーが豊富になることが期待できます。この時期は、身体動作の獲得や動作の滑らかさ、器用さを獲得することを目指して指導していくことが大切です。

②一般型／小学校中学年〜中学・高校生

　小学校中学年から中学・高校生の時期では、筋肉や骨格などの「一般型」が著しく発育します。この時期は、身長や体重の変動が著しく、「骨長の増加→筋肉、骨量（骨密度）の増加」の順に発育していきます（Rauch, et al. 2004）。そのため、骨が伸長したものの筋肉や腱の成長が追いつかない現象が起きます。過度な運動を行うとオスグット・シュラッター病など骨端部のけがが発症しやすくなるため、注意が必要です（Adirim & Cheng, 2003；日本小児整形外科学会スポーツ委員会、2010；日本学術会議、2011）。この時期は、トレーニング量を考慮し、身体の一部分のみに負荷がかからないような練習メニューを心がけること、また、休養を取り心身の疲労を回復させる期間を設けることが大切です。

③生殖型／中学・高校生

　中学生や高校生の時期は「生殖型」の発育が著しく、成長ホルモンや性ホルモンの分泌が著しくなります。これに伴い、骨量（骨密度）が増加します（図6-2 参照）。骨量は、20歳前後がピークで以降は低下するため、小学校高学年から高校生の時期に骨に対する刺激を与える必要があります（須田・小澤・高橋、2016）。図6-3 に記載しているように、骨の刺激は、骨の長軸方向への負荷が必要になります。そのため、ランニングやジャンプなどの運動を行うことが効果的です。

　加えて、女性や体重制限を行う競技の選手などについては、骨の成長に注意が必要です。小学校高学年や中学校の時期（12歳前後）に初経が来るのが一般的ですが、心身にかなりの負荷がかかる激しい練習や体

図6-2 人の発育における骨量の推移

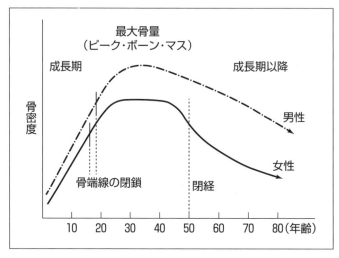

出典：森諭史「骨の量と質の測定」須田立雄・小澤英浩・高橋榮明編著『新骨の科学（第２版）』医歯薬出版、2016年

図6-3 骨に対する適切な刺激（長軸方向への負荷）

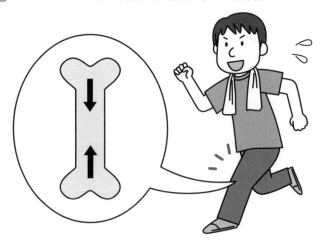

筆者作成

重制限による体脂肪率の減少に伴い初経の年齢が遅れ、月経異常を引き起こすこともあります。月経異常は、将来骨粗鬆症になるリスクが高まる可能性があるため、この時期はトレーニング量だけでなく、栄養の摂取にも注意が必要です。

　このように、部活動に参加している時期は、性別や年齢、体格といった個々の発育度合いを考慮する必要があります。特に対人競技や接触のある競技では、接触プレーの練習などにおいて身長や体重を考慮しなければ、けがや事故につながる可能性があります。また、生徒自身にも身体の発達時期を理解させ、指導をすることをお勧めします。なぜなら、時期を待てばできるようになる技術も、生徒自身が、発育の時期を理解していないことで「自分はできない」と思い込み、スポーツから遠ざかる可能性があるからです。指導者が児童・生徒の身体の発育を理解し、児童・生徒本人たちに伝えることで、身体を健全に育成することができるでしょう。

❸　「臨界期」の考え方について理解する

　ここまでの内容から、身体の発育には要素ごとに著しく発育する時期があることが分かりました。次は、「臨界期」についてお話します。

　臨界期とは、「経験に応じた神経系の可塑的変化への感受性が高められた時期」とされています。これまで説明してきた身体の発育を踏まえると、発育の時期によって運動の効果が異なると考えられます。視覚や聴覚など脳の神経系に関する臨界期の話は報告されていますが、他の身体機能ではどうでしょうか。

　例えば、骨の成長です。骨の量的な成長は、20歳前後で最大になり、その後は右肩下がりに減少していきます。そのため、骨量を増加させるには、思春期（小学校高学年〜中学・高校生の時期）に骨に刺激を与えるトレーニングを行うのが適切であるといえます。骨量が減少する20

歳代後半から 30 歳以降に骨に刺激を与えたとしても、思春期より骨量が上がることは期待できません（須田・小澤・高橋、2016）。このように、神経系だけではなく、他の身体機能においても臨界期があると考えられます。

　加えて、部活動の指導では、発達時期に合った指導方法を考えるだけでなく、児童・生徒がこれまで育ってきた環境についても考慮する必要があります。

　例えば、幼少期に野球などの投動作を多く経験した児童・生徒と経験していない児童・生徒を比べると、投動作を指導した際、投球の飛距離や動きの滑らかさなど動作習得までの時間は異なってきます。過去のスポーツ経験によって、練習やトレーニングによる習得の早さは変わってくるのです。

　先ほどの例からも分かるように、臨界期を過ぎてから発達を促そうとしても、時期を逃してしまうと一定以上変化させることが難しくなることや習得までに時間がかかるのが事実です。臨界期がすべてとはいい切れませんが、この時期を逃してしまうと能力を高めるのには、ある程度限界が来ることや習得までに時間を要するということを考えた上で指導をすることが重要です。

　スポーツ庁「運動部活動の在り方に関する総合的なガイドライン」（2018）に、指導者は、科学的根拠に基づいた指導を行う必要があると記載されています。身体の発育は、どのスポーツでも共通です。科学的根拠をもとにし、部活動の指導を行うことが、子どもたちが生涯楽しくスポーツを続けていく鍵となるでしょう。

2 児童・生徒の精神的発達① 児童期

　心の発達は、人の一生において連続したものと考えられています。大人になるための心の変化は、児童期にもその兆しが見られます。心の成長は身体の成長以上に個人差が大きく、中学生になっても児童期の心性や課題を残している子もいます。児童期の心の発達を知っておくことは、中学生や高校生の心を理解する上でヒントを与えてくれるでしょう。

1 「できた！」という体験を育むには

　子どもが、学校、家庭、地域でのさまざまな体験や活動を通して「できた！」という体験を積み重ねることが大切です。そうした体験によって、やりたいことを達成していくための力である「自己有能感」を獲得し、あきらめずにチャレンジすることにつながるでしょう。

　子どもが有能感を育むには2つのポイントがあります。一つは、自分がやりたかったことがうまくいった体験です。練習を重ね、大会で1位になったというのも有能感を得ることになりますが、日常の小さな出来事を積み上げたことでよいのです。失敗したり苦しかったりすることもあるけれども、自分が好きなことに取り組み、そこから喜びを得ることが欠かせません。例えば、最初は親から勧められて始めた活動を行う中で、子ども自身がこうなりたいという具体的な目標を立て実行していくことも、その一つといえるでしょう。子どもはやりたいことを我慢して取り組んでいたかもしれません。自分の力で取り組んだことを大人が褒めることが、子どもの自信につながっていくでしょう。

　もう一つは、うまくいかなかった時に助けてもらった体験です。チャレンジに失敗はつきもの、失敗した時に大人から「よく頑張ったね」と努力したことを認める「ねぎらいの言葉」をかけることが必要です。例えば、大人から見るとやや上のレベルを子どもが目指しているというこ

とがあるでしょう。大人の判断では、「ちょっと難しい」と思い、子どもに無理をさせないでおこうという気持ちになるかもしれません。そのような場合でも、子どもがどこまでやれるのかを大人が見守り、たとえうまくいかなくてもその頑張りを認める言葉をかけるとよいでしょう。子どもは、これまでの苦労が無駄ではなかったと感じるかもしれません。すなわち、「結果」だけではなく、「頑張った過程（プロセス）」に目を向けることが求められます。子どもが「うまくいかなかったけれども、次にやってみよう」と思うのであれば、失敗した体験を次に生かしていくことができるでしょう。もし、うまくいかなかった時に助けてもらえないことが続いたら、子どもはどんな気持ちになるでしょうか。状況によっては、「どうせ何をやってもうまくいかないんだ」「困った時には誰も助けてくれないんだ」といったように、自分を責めたり、投げやりになったりすることが考えられます。

2 劣等感を強めない関わり

　児童期の子どもは、それまでは自分は何でもできると思っていたのが、自分より計算が早い子や、運動ができる子がいることに気づくようになります。また、走るのは得意だけれども、ボールを扱うのは苦手というように、自分の得意な面と不得意な面が分かっていきます。つまり、児童期の子どもは、目的に向かって努力したり、仲間と共に行動したりする中で、劣等感を経験することは避けられません。子どもは、劣等感によって「悔しい！　もっと頑張ろう」と思うかもしれません。一方、劣等感があまりに強くなると否定的な面ばかりに着目してしまい、やる気や自尊感情の低下が心配されます。

　大人が気をつけておきたいことは、他の子どもと比べることです。「〇〇くんはこんなにできたんだって！」という言葉は、子どもの劣等感を強め、やる気を失わせることが考えられます。児童期の子どもは、自分が評価されることに敏感です。また、人前で恥をかかされたり、笑

われたりすることも子どもの劣等感を強めます。周囲から「へた」「ダメ」と言われ続けると、自ら取り組もうとする意欲が湧いてこないでしょう。そうすると、自分の失敗を避けようという思いが強くなり、新しいことに取り組むことが減っていくかもしれません。

　劣等感は「○○ができない」という能力面だけでなく、仲間や大人の関わりによっても左右されます。子どもが落ち込んでいる時や失敗した時に、部活動指導員としてどのように関わったらよいのか迷うこともあるでしょう。子どもがどんなことに困っているのだろうかと話を聞いたり、励ましの声をかけたり、苦しい時に応援したりすることで、子どものへこんだ心が少しずつ元気になっていくのではないでしょうか。こうした周囲からの励ましや支えが、子どもの心の成長には欠かせません。

3　児童・生徒の精神的発達②　思春期

1　身体の変化に伴う心の変化

　第1節「児童・生徒の身体的発達」で述べたように、思春期に入ると、男女とも身長が伸びます。このような急激な変化を、思春期スパートと呼びます。身体の変化には個人差があり、人より早くても、遅くても気になります。身体の変化は自分でコントロールすることができないため、子どもが戸惑うのも自然なことです。身体がだんだん大人になっていく中で、これまでの自分とは違うと感じ、受け入れがたいと思うこともあるでしょう。

　女子は身体がふっくらとし、中学生・高校生からダイエットに励むようになることは珍しくありません。マスコミでは痩せた女性が称賛され、ダイエットに関する情報はあふれています。「細くてかっこいい」ことを重視するあまり、部活動でかなりのエネルギーを消費しているにもかかわらず、食事を制限している場合には注意が必要です。また、標準体

重であっても、ボディイメージ（主観的な身体イメージ）に満足していない場合、自分は太っていると思っていることがあります。その場合、食に関する知識は豊富でも、食生活のバランスがとれていないことがあるので、食生活全体を見直してみることが必要です。

　スポーツ競技者の抱える心理的問題は、食行動に反映されやすいといわれています（山崎・中込、1998）。食事をかなり抑えていたり、過剰に運動をしたり、食べたものを吐いたりしている時には、子どもにストレスがかなりかかっている状態と捉えて対応する必要があります。

② 精神的自立の模索

　思春期では、親や教師等大人への依存が減少し、精神的自立を模索する中で、いわゆる「反抗期」が出現してきます。例えば、子どもは大人の言うことに疑問を持ったり、大人の欠点にも鋭く気づき、「うるさい」「放っておいて」と言ったり、大人と距離を取ろうとすることが見られます。また、身体の変化に伴う不安ならびに性的な欲求や興味があったとしても、それらを話すことをためらうようになります。社会のルールが自分を縛るように感じられ、何の意味があるのかと反発することもあるでしょう。こうした変化は、さまざまな問題に関心を向けるようになり、自分の心で考えるようになったことの現れであると考えられます。

　ここで大切なのは、子どもは強がりを言っていても、親や身近な大人には頼りたい気持ちが強いということです。思春期の子どもは、大人になる不安を抱える一方で、大人の価値観を揺さぶり、大人にぶつかることでアイデンティティを形成していきます。しかし、大人にとって、子どもが反抗的になるのはなかなかしんどいことです。「いい加減にしろ」「生意気！」と、子どもに批判的な言葉を思わず投げかけてしまうこともあると思います。大人は、そうしたぶつかり合いがあると理解し、子どもの言っていることに耳を傾けながらも、ルールや一貫した態度を示していくことが求められます。

3　仲間との関係

　親からの自立を模索する中で、親に代わる重要な存在として仲間が挙げられます。服装や趣味が同じであることで仲間意識を持ち、さらには親とは共有できない考えや気持ちを仲間によって理解してもらえることが支えとなります。仲間は自分がどのように振る舞ったらよいのかというモデルとなり、困った時に相談できるソーシャルサポートにもなります。そして、思春期にはグループに所属していることが、自分の居場所となり安心感につながります。ただし、非行傾向が強い友人と知り合い、親の言うことに耳を貸さないことがあるかもしれません。

　思春期では、学校における人間関係の在り方が、子どもにとって重要な位置を占めるようになります。学校での友人関係がうまくいかないことや、部活動での不適応が子どもにとってストレスになるといえます（文部科学省、2019；手塚・上地・児玉、2003）。こうしたストレスから、思春期に抑うつ状態を示す子どもが少なくありません。

　心の発達という視点からいえば、思春期には自分について深く考えるようになり、かつ友人関係が重要な存在になることから、「自分の一言が友だちを傷つけたのではないか」「友だちから嫌われているのではないか」と悩むことも多くなります。大人から見ると、やや自意識過剰に見えるかもしれませんが、子どもにとっては大きなことなのです。周囲の大人が、子どもの様子がいつもと違うと感じた時には、さり気なく声をかけるとよいでしょう。その場合、大人がこうした方がよいと正論を言うよりも、子どもがどんな体験をしているのかを想像してみるとよいでしょう。そして、「よく話をしてくれたね」と、子どもが自ら話してくれたことを支持することが大切です。

4 学校生活の理解① 指導者と生徒の関係

　ここでは、子どもたちに与える指導者の影響について考えていきましょう。皆さんが部活動指導員として子どもたちと関わる時には、皆さん自身が意図していなくても、さまざまな影響を子どもたちに与える可能性があります。そもそも私たちが人と関わる時、必ずお互い何らかの影響を与えますが、その関係が指導するもの—されるもの、というようにタテの関係になったとき、上に立つ側（指導者）の与える影響は想像以上に強いものです。以下では、指導者になる人にぜひ知っておいてほしい心理学の理論である「ピグマリオン効果」を紹介します。

　ピグマリオン効果とは、1960 年代にローゼンタールらによって行われた学校における実験的な研究で、実際に見られた現象からつけられた効果のことです（Rosenthal & Jacobson, 1968）。どのような実験であったかを少し紹介しましょう。この実験は、小学校の 1 年生から 6 年生を対象として行われました。まず、年度のはじめに子どもたちの知能テストを実施し、その結果を分析した専門家が、約 20％の児童を潜在的な能力が高い子どもとして、担任の先生にその子どもたちの名前を伝えました。しかし、この情報は実は正しいものではなく、実際はランダムに選ばれた 20％の子どもたちでした。

　そして、1 年後に再び知能検査が実施されたのですが、その結果を見てみると、非常に興味深いことが起こったのです。というのも、偽って伝えられた情報であったにもかかわらず、ランダムに選ばれた 20％の子どもたちの知能指数が、他の子どもたちと比べて飛躍的に伸びるという現象が見られたのです。なお、この傾向は低学年の子どもたちにより顕著に見られたとのことです。どうしてこのようなことが起こったのでしょうか。

　それは、事前に情報が与えられることによって、「この子は能力が高い。

伸びるはず！」という教師の「期待」が働き、知らず知らずのうちに熱心にその子に関わっていたり、できたことに対して他の子以上に褒めたりといったことが行われていたからであると考えられます。

　なお、この実験では「この子は伸びるはず」というプラスの期待ですが、その逆も考えられます。他の先生からの申し送りや事前情報などで、「問題のある生徒」などの、いわゆるマイナスの先入観が指導者の側にあると、とりわけ厳しく接したり、問題を起こすことを前提に指導にあたってしまったりするかもしれません。このような指導者の態度がその子へのレッテル貼りとなり、さまざまな弊害を生むことにもつながりかねません。あるいは、プラスの期待であっても他の生徒にとっては「○○ばっかり（可愛がられている）！」という気持ちになりやすく、モチベーションの低下につながる可能性があります。集団を相手にする指導者にとって、特定の子どもへの期待は「ひいき」につながることにも注意しておきましょう。

　ここでは指導者が生徒に与える影響について、教育心理学で従来から言われているピグマリオン効果を取り上げて見てきましたが、生徒のモチベーションを高める指導者の関わり方については第7章で詳しく述べていますので、そちらも参考にしてください。

5　学校生活の理解②　仲間との関係

　前節では指導者と生徒の関係について見てきましたが、ここでは、子どもたちの学校生活におけるもう一つの重要な人間関係である仲間関係について考えていきましょう。思春期の子どもたちにとって、仲間関係が重要になることは既に述べましたが、児童期から思春期にかけて、仲間関係の在り方も変化していきます。ここでは、それぞれの時期の仲間関係の特徴とその変化について、保坂・岡村（1986）による「ギャング・

グループ」「チャム・グループ」「ピア・グループ」という3つの段階に
沿って見ていきましょう。

1 ギャング・グループ

　小学校中学年から高学年頃によく見られる仲間関係で、同性同士、同
年齢の小さなグループで構成されることが特徴です。グループで徒党を
組んで行動したり、秘密基地を作ったり、大人の目を盗んでいたずらを
したりと、まるで小さなギャングたちの集まりのようであることからこ
のような名前がついています。

　子どもは成長するにつれ、親を中心とした大人に守られていた世界か
ら離れ、子ども同士の関係を好むようになります。こうして少しずつ親
離れをしていくのです。ギャング・グループはそうした仲間意識を高め
るための初めての仲間集団といえます。なお、この時期を「ギャング・
エイジ」と呼びます。子どもはこうした仲間遊びを通して、集団の中で
の自分の立ち位置を学び、友だちとのやり取りを通して相手にどのよう
に伝えたら自分の気持ちが伝わるのか、あるいは、けんかになってしま
うのかなど、大人の手を借りずに友だちとの小さなトラブルを解決する
ことを通して人間関係の術を学んでいるのです。

　なお、昨今では、「3つの間（時間・空間・仲間）」が減少し、子ども
たちが徒党を組んで集団遊びができる機会が少なくなっているともいわ
れています。

　子どもたちが自由に使える空き地などが減少し（空間の減少）、習い
事や塾等で多忙な子どもも多いため、放課後にグループで集まって遊ぶ
ということがなかなか難しい（時間、仲間の減少）のです。ギャング・
グループをほとんど経験せずに、中学校に入ってくる子も少なくないと
いえるでしょう。

2　チャム・グループ

　中学生頃によく見られる仲間関係です。共通の趣味や、好きなもの（好きな漫画やアイドルなど）が一緒であるなど、仲間内での共通性・類似性が非常に重要になります。こうした共通性・類似性を確かめ合うために、お揃いのものを身につけたり、共通の好きなものについて長く語り合ったりするなどの行動がしばしば見られます。

　なお、こうした一体感の確認は、特に女子にその傾向が強く、学校の休み時間にトイレに一緒に行く、教室を移動するときに必ず一緒に行く、などの行動をとることもしばしば見られます。大学生に聞くと、何で中学生の時はトイレに常に一緒に行っていたのだろう、いつの間にかそういうことはなくなった、と懐かしそうに語ることも多く、この時期特有の現象であるようですが、多くの人が体験しています。

　ところで、このグループの名前の由来になっている「チャム」とは、サリヴァン（Sullivan, H. S.）の「チャム（＝親友）シップ」から来ている言葉です（サリヴァン著／中井・山口訳、1976）。サリヴァンは、

この時期に同性の親密な友人関係を持つことは、親から心理的に距離を置き、自己を形成していく上で大変重要であると述べています。思春期は親からの精神的自立が課題になる中で、チャム・グループでの友人関係は親に代わる依存の対象として、重要な役割を果たしているのです。

　一方で、この時期の仲間関係は排他性が強いことも特徴です。友だち関係において「同じであること」が重要なので、そこから外れてしまうと、その仲間に入れなくなってしまうのです。そのため、友だちに合わせようとする、自分だけ浮かないようにすることに必死になる子どもも少なくありません。中学生ぐらいの時期には、他の時期と比べて最も同調圧力（peer pressure）が高まります。「いじめ」がこの時期に最も起こりやすいのも、こうした仲間関係の特徴と関係しています。

③　ピア・グループ

　ギャング・グループ、チャム・グループにおける一体感の強い友だち関係を経て、やがて、相手の異質性も認めることができる仲間関係へと変化していきます。これがピア・グループといわれるものです。同調圧力も弱まり、常に一緒に行動をしたり、仲良しを確かめ合う行動をしなくても結びついていられるようになってきます。自分と他者の違いを認

め合うことができるようになる友人関係といえます。ピア・グループは従来、高校生頃から見られる仲間関係と考えられていました。しかしながら、昨今、先述したように、子どもたちが集団遊びをする機会が少なくなることによりギャング・グループが消失し、一方でチャム・グループの時期は長く続く傾向が見られ、ピア・グループへと移行する時期が遅くなっているともいわれています。

6 親子関係の理解

　最後に、この時期の親子関係について触れたいと思います。

　児童期から思春期にかけて、子どもの成長とともに親子の関係性は大きく変わります。小学校低学年の頃までは、子どもは親をはじめとする大人に大きく依存しており、親や先生の言葉が絶対だと思っています。子ども同士のいざこざが起こったときには大人に助けを求めることが多いものです。ところが、小学校高学年、ギャング・エイジといわれる時期になってくると、様子が違ってきます。子ども同士のトラブルがあったとしても、それを大人に報告に行ったりすれば、「ちくった」などと言われてしまうのです。こうした傾向は中学生になるとさらに強まり、いわゆる"反抗期"といわれる時期になります。

　このような子どもたちの変化は、前節で見てきたように、子どもの心の発達を考えた時に重要なことなのですが、親である大人の側から見ていると急激な変化に思われ、時に寂しく感じられます。少し前まで何かあると甘えてきた我が子が、「いい！」「放っておいて！」と干渉されることを嫌がるのです。子どもたちの変化に親の側がついていけず、小さい子ども扱いをしたり干渉しすぎたりすると、子どもは反抗的な態度をますます強めます。

　皆さんが部活動指導員として関わるであろう中学生は、反抗期の真っ

只中、といった子も多いと思われます。小学校までのスポーツ活動では、親が試合会場まで引率をしたり、練習につき合ったり、親子で一緒に活動していることも少なくないのですが、中学校に入るとそのような機会がぐんと減ります。加えて、子どもが反抗期を迎え、学校のことを話さなくなると、保護者が心配を募らせることもあるでしょう。

　また、子どもを介してのみ保護者への連絡をしていると、後々になってトラブルになることもあるかもしれません（特に遠征の交通費や道具の準備など、金銭的な協力が必要な場合）。子どもに「〇〇のことは親に伝えるように」などと伝言しても、伝わっていないことは往々にしてあります。保護者への連絡や報告は、適宜しておくとよいでしょう。**保護者会等を実施し、部活動の活動方針を前もって伝えておくと、保護者との協力体制もとりやすくなります。**

コラム③　　スクールカウンセラーから見た部活動

　スクールカウンセラーの元へ持ち込まれる相談の中で、部活動に関するものはそれほど多くはありませんが、一定数存在しています。その中で圧倒的に多いのが、「部活動を辞めたいけれども、辞められない」というものです。全国大会に出場するなどして学校の看板となっているような部活動や、部員が少なく存続が危ぶまれるような部活動において、そのようなことが起こりがちです。

　前者と後者では、悩みの性質がやや違います。前者では「この部活動に入るためにこの学校に来た」というような生徒も多く、「そう簡単に辞められない」という想いが生徒にも、それを支えてきた保護者にもあります。しかしながら、思うような成果が出せず、勉強と部活動に忙殺される毎日を送っていると、「何のためにやっているのだろう」というように部活動を続ける意味を見失ってしまうことがあるのです。

　後者では、家庭の事情や身体的不調などで部活動に時間やエネルギーを割けなくなってしまった生徒でも、「私が辞めたらみんなに迷惑をかけてしまう」と、部活動がなくなってしまうことや他の部員の負担が増えることを懸念して、無理やり続ける中で、徐々にこころもからだも消耗していってしまいます。

　両者とも、部活動へのモチベーションが低下するだけでなく、慢性的な頭痛や吐き気などの身体症状、恒常的な不安や焦燥感などの精神症状、もの忘れや学業不振など認知機能の低下につながる場合もあります。一見何事もなく部活動に参加しているように見える生徒の中にも、大人が考える以上に空気を読みながら、そのような悪循環が起こっていても、必死で我慢している生徒もいます。やむなく休部や退部せざるを得なくなってしまうこともありますが、思春期の貴重な精神的成長や仲間づくりの場として、できれば健やかに部活動を続けてほしいと、一人の大人としていつも願っています。

　部活動という場においても、教員や指導員だけでなく、スクールカウンセラーや養護教諭、保護者や地域の方々など、さまざまな立場の大人のまなざしによって、子どもの健全な成長をともに見守っていきたいです。

復習問題

① 次の**A・B**の文章は、スキャモンの発育曲線の４つの型のうち、それぞれ何について説明していますか。

> **A** 小学校高学年までは緩やかに発育し、中学生から成人の時期に急激に発育する。この急激に発育する時期には、成長ホルモンの分泌も増加する。

> **B** 出生時に著しく発育し、その後、小学校高学年から中学・高校生の時期に急激に発育する。筋肉や骨格系、呼吸器系や消化器系など全身の内臓器官（心臓、肺、肝臓など）に関する身体の機能を示す。

② 児童・生徒に「劣等感を持たせない関わり」にはどのようなことが必要でしょうか。考えてみましょう。

③ 次の**A～D**の文章を読み、本文の内容と一致していれば○、一致していなければ × をつけましょう。

> **A** 指導者の特定の生徒への言葉がけは、他の生徒のモチベーションにも影響するので、十分な注意が必要である。

> **B** 中学生ぐらいに見られる類似性・共通性の高い仲間関係をギャング・グループという。

> **C** 仲間への同調行動は中学生の頃が最も高まる。

> **D** 中学生ぐらいになると子どもは反抗期を迎え、親子関係も悪化するので、指導者は親にはなるべくコンタクトを取らない方がよい。

　部活動において、生徒の**モチベーション**の向上や維持は非常に重要な意味を持ちます。部活動の教育的意義として、上達に向けて自分自身で課題を発見したり、課題を解決する術を学んでいったりするということが挙げられますが、これらの実現には生徒に活動への高いモチベーションがあるという前提が欠かせないのです。

　この章では、そもそもモチベーションとはいかなるものなのか、どのように指導すれば子どもたちのモチベーションを向上・維持できるのか、ということについて解説していきたいと思います。

1 モチベーションとは

1 語の意味

　「モチベーションが上がった」「モチベーションを高める」など、さまざまな場面で出てくる言葉ですが、そもそもモチベーションとはどういったものなのでしょう。

　モチベーション（motivation）は**動機づけ**とも呼ばれ、人が行動する時の心理的な理由のことをいいます。人はこのモチベーションによって行動しようと思ったり、行動の方向性を決めたり、行動を持続しようとしたりします（鹿毛、2013）。

② 理論

　動機づけや、何によってやる気が高まるのかを研究している学問を**モ
チベーション理論（動機づけ理論）**と呼びますが、主に 1950 年代に盛
んに研究され、マズローの欲求段階説、マクレガーのX理論Y理論、ハ
ーズバーグの動機づけ・衛生理論（二要因理論）などが生まれました。
これら初期の理論から派生する形で、原因帰属理論、目標設定理論、マ
クレランドの欲求理論などが展開されています。これらの理論について、
鹿毛編『モティベーションをまなぶ 12 の理論』(2012) および鹿毛著『学
習意欲の理論』(2013) を参考にしながら、次節以降で説明していきた
いと思います。

　子どもたちに指導する際、モチベーションを上げる必要が出てきた時
に、自身の感覚だけで接するよりも、こういった理論をベースにしてお
くと、うまくいった理由やうまくいかなかった時の振り返りのヒントを
見つけやすくなるかもしれません。

　モチベーションの理論といっても、動機づけの内容（人は何によって
動機づけられるか）についての理論や、動機づけの過程（人はどのよう
に動機づけられるか）についての理論など、さまざまなものがありま
す。近年では動機づけるものや過程だけではなく、その人が持つ**パーソ
ナリティ**が大きな影響を与えていることを示す研究結果も発表されてい
ます。つまり、モチベーションをコントロールしようと思ったとして
も、有効な方法は選手やチームによって異なる可能性があるということ
です。

　指導対象の子どもたちのパーソナリティを注意深く観察し、自身の持
っている経験と感覚に加えて、裏づけのある理論を基にアプローチをす
ることを実践してみてください。

2　モチベーションを高める方法①　原因帰属理論

■　言葉がけの基準としての「原因帰属理論」

　部活動では子どもたちが成功や失敗などさまざまな経験をします。これはスポーツ系の部活動か文化系の部活動かにかかわらず、より上達したいと思っている子どもたちには必ずといってよいほど起こります。それでは、その時にどのような言葉がけをするとモチベーションアップにつながるのでしょうか。

　言葉がけの一つの基準として、モチベーション理論の一つである原因帰属理論（鹿毛、2013）について紹介したいと思います。原因帰属とは、ある結果に対してその原因を考えるプロセスのことをいいます。つまり、成功や失敗の原因を「何のせいにするか」を考えるアプローチ方法です。そして、この「何のせいにするか」がその後の行動やモチベーションに影響を与えるとされています。

　例えば、一つの成功に対して「自分が努力したからだ」と考える人と、「たまたま運が良かったからだ」と考える人。逆に一つの失敗に対して、「チームメイトのプレイのせい」にする人と、「自分の努力が足りなかった」と思う人。どちらの場合も、翌日の練習への取り組み方に差が出てきそうです。

■　原因帰属の4パターン

　それでは、どのような原因帰属のパターンがより子どもたちのモチベーションを高めるのでしょうか。

　表7-1にあるように、原因帰属のスタイルは「統制（内的統制／外的統制）」および「安定性（安定的／不安定的）」の組み合わせからなり、4つに分かれます（さらに統制可能なものと、統制不可能なものに細かく分類できます）。

表7-1 原因帰属のパターン

		統制の位置	
		内的統制	外的統制
安定性	安定的	能力・適性	課題の困難度
	不安定的	努力・スキル・コンディション	運・状況・他者の努力

※ 鹿毛雅治『学習意欲の理論』（金子書房、2013 年）をもとに筆者が作成した。

内的統制とは原因を自分自身に求めること、外的統制とは原因を自分以外に求めるということです。例えば、「才能で」「努力したから」「経験が」といった要因は内的なもの、「運が」「機会が」「相手が」といった要因は外的なものです。

安定性は、その原因が時間的に安定しているかどうかで分類します。例えば、「能力」や「課題の難易度」といったものは安定的、「努力」や「運」や「コンディション」といったものは不安定的なものに分類されます。

3 モチベーションにつながるパターンとは

一般的には、内的統制型の方が勉強やスポーツにおいては良い成績が出ることが実証されています。成功に対しては自分自身の才能や能力や努力といったものに対して自信になりますし、失敗した時も自分自身の至らなかったところを振り返ることで次へのアクションを考えることができるからです。

さらに、安定性の要素を加えて考えてみましょう。成功した時には、安定的・不安定的なもののどちらに要因を求めても自信や自己肯定感につながりやすいので問題はありません。才能も努力も自分自身の長所と捉えることができるからです。

失敗した時にはどうでしょうか。努力不足という不安定的な要因のせ

いにする場合は、自分自身で振り返り今後の行動を変化させるというモチベーションが出てきます。

　しかし、能力という安定的な要因のせいにすると、能力は簡単には変えられないという思いから、自分には向いていないというネガティブな感情に陥ってしまうことがあります。

4　子どもたちに接する時に

　以上のようなことを考えると、子どもたちのモチベーションを高めるような接し方として、次のようなポイントが見えてくるでしょう。

①子どもたちにフィードバックをする際に、外的な要因ではなく内的な要因について話をすること

　「対戦相手が良かったね」と言われても、「もっと環境が整っていればね」と言われてもなかなかモチベーションは上がりません。また、チームスポーツでありがちなことですが、「あいつがもっと良いプレイをしてくれればうまくいったのに」というように、自分以外に目が向いてしまっている場合もあります。そんな時には、自身のプレイでできることはなかったか、あるいはチームメイトにどんなアプローチをすれば良い影響が出るのかといった、内的な要因を含んだフィードバックをするとよいでしょう。

②うまくいかない時には不安定的な要素を原因とする

　「自分には能力がないから」という要因を出してくる子どもには、コンディションや練習方法などの自分自身で変えられるものに要因を求められるようにフィードバックをしてあげると、自己肯定感が下がらずに次の行動へのモチベーションが出てきます。

　例えば、「どこを改善すればうまくいきそう？」「練習するための時間は足りていた？」というように、自分自身で改善の余地があり、手をつ

けやすい対策法があることを伝えてあげるのがよいでしょう。

　もちろん人それぞれ個性が違います。一概にこのスタイルでいけばよいということはありません。

　育ってきた環境によっては、なかなか自信が持てなかったり、意欲が湧いてこなかったりする子どももいます。この方法を使ったから劇的に良くなるというわけではなく、地道に根気強く伝えていくということも時には必要になります。

　その子のパーソナリティや置かれている環境をしっかりと考えた上で、コミュニケーションを取るようにしてみましょう。

3　モチベーションを高める方法②　目標設定理論

1　目標設定の意義

　部活動に限らず、勉強やスポーツにおいてモチベーションが上がらない要因の一つに、どこを目指しているのかが明確になっていないということがあります。子どもたちのモチベーションを高めたいと思った時には、何のためにモチベーションを高めればよいのかという目標を、子どもと指導者が共有していることが重要になります。

　そんな時に考えてみたいのが目標設定についての考え方です。目標設定には、目標に対して適切な行動を方向づけたり、より努力を促進したりという達成のためのきっかけを作る機能があります。また、努力の維持を促進したり、新たな発見や方法の改善などパフォーマンスに向けての効果や効率を高めてくれる機能もあります。

　そのため、目標設定に対する考え方は、学習やスポーツに限らずビジネスの世界でも頻繁に取り入れられています。そんな目標のメカニズムや目標が、どのようにパフォーマンスやモチベーションに影響があるかを研究・提唱したのが、ロック（Locke, E. A.）の目標設定理論です。

②　目標設定理論

　目標設定理論は、目標という要因に着目して、パフォーマンスの向上やモチベーションアップのためのプロセスを考えていく理論です。目標を立てパフォーマンスを上げることによって、満足感が生まれ、新たなモチベーションにつながるというサイクルをいかにして回していくかが考えられています。目標を設定するだけでなく、その目標を達成するためにどのような要素が影響するかを考えながら子どもたちにアプローチをしてみてください。

①目標に具体性を持たせる

　それでは、どのような目標を設定することがパフォーマンスにつながるのでしょうか。

　目標設定のポイントの一つは、「具体的」かどうかです。曖昧な目標よりも具体的な目標の方が、自分のすべきことを分解することができるので行動に移しやすくなります。たとえば、「ベストを尽くそう、できるだけ良い結果を出そう」と言われるより、「大会で優勝、より好記録」と言われた方が、結果へのイメージがしやすいのです。

　これは「ベストを尽くそう」が間違っているのではなく、ベストとはどういった状態なのか、ベストを尽くした結果どうなるのかまでを明確にすることによって行動に落とし込みやすくなるということです。

　目標の種類の分け方に、「マスタリー目標」と「パフォーマンス目標」という考え方があります（鹿毛、2013）。マスタリー目標とは自分の能力を高めるための目標であり、パフォーマンス目標とは自分の能力を証明するための目標です。

　マスタリー目標は、速く走りたい、楽器をうまく演奏したい、学問に精通したいといった目標で、習熟に対する意識を具現化する働きがあります。パフォーマンス目標は、大会で一番になりたい、人気者になりたいといった自分自身がポジティブな評価を得ようとするものです。

パフォーマンス目標で気をつけなければならないことが一つあります。それは、失敗を回避するための目標を立てることです。失敗を回避しようとする目標を立てると、失敗したことに対するダメージを考えるようになってしまうからです。1時間練習して失敗するのと、10時間練習して失敗するのではダメージが違います。結果的に回避目標では努力へのモチベーションが上がらないということです。パフォーマンス目標を立てる時には、回避目標ではなく目標のパフォーマンスに近づいていけるようなものを立てた方がよいでしょう。

　マスタリー目標では、この失敗という概念が成長の糧として認識されます。「私は失敗したことがない。ただ、1万通りの、うまくいかない方法を見つけただけだ」とは、かの有名なトーマス・エジソンの名言ですが、彼もマスタリー目標を持ったタイプの人間だったといえるでしょう。

　マスタリー目標とパフォーマンス目標のどちらかがより優れているというわけではありません。それぞれに目的とする効果が違うということです。マスタリー目標は内発的動機づけに対して、パフォーマンス目標は成果に対してポジティブな影響を持ちます。

　どちらも目標としては問題はありませんが、立てた目標がパフォーマンス目標だった場合には、実際の行動にどのように落とし込んでいけばよいかを知るためにも、マスタリー目標に変換してみるのも一つの方法かもしれません。

　次に、具体的な目標かどうかをチェックする上で役立つ SMART 分析を紹介します。立てた目標を、

Specific	=	具体的でわかりやすいか？
Measurable	=	計測可能、数字になっているか？
Agreed upon	=	達成可能か？
Realistic	=	現実的か？
Timely	=	期限が明確か？

に照らし合わせてみてください。より具体的な目標になると思います。

②目標の難易度の設定

　目標設定理論では、難易度の高い目標を設定する方がモチベーションを引き出す効果があり、成果も上がりやすいとされています。

　難易度の設定では、チクセントミハイ（Csikszentmihalyi, M.）が提唱したフロー体験が有名です。自身のスキルの高さと課題の難易度が適切な状態にあると、課題に対し没頭していくというモチベーション理論の一つです（図7-1 参照）。

　さらに、難易度を適切なものに設定できると、上達速度も上がるとされています。このフロー領域にも幅があり、やや難易度を高めに設定することでスキルの上達速度も上がります。立てた目標の難易度が、子どもたちが不安になってしまうほど高くなっていないか、また退屈になってしまうほど簡単なものになっていないかをチェックしてみてください。

図7-1 フロー体験への難易度と能力の相関関係

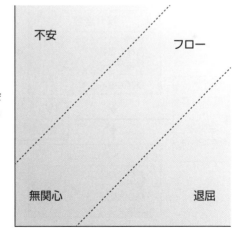

※チクセントミハイ著／今村浩明訳『フロー体験 喜びの現象学』（世界思想社、1996年）をもとに筆者が作成した。

3 目標からパフォーマンス発揮までに影響を与えるもの

目標が設定できたからといって、すぐさま成果に直結するわけではありませんし、子どもたちのモチベーションが長続きするわけでもありません。それでは、目標設定からパフォーマンス発揮までに影響を与えるものにはどのようなものがあるでしょうか（ 図7-2 参照）。

①目標へのコミットメント

目標を達成する上で、目標を絶対に達成しようというコミットメントは非常に重要な意味を持ちます。目標を設定した際、実際に子どもたちがその目標を達成しようと思わなければ、なかなかモチベーションもパフォーマンスも上がってきません。

これは他の人から与えられたものよりも、自分で設定したものの方がコミットメントしやすいとされています。目標を設定する際には、大人

図7-2 目標設定理論の主要因と高いパフォーマンスのサイクル

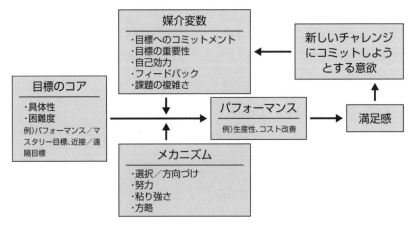

原著：Locke, E. A., Latham, G. P., "Building a practically useful theory of goal setting and task motivation: a 35-year odyssey", *American Psychologist*, vol. 57(9), pp. 705-717, 2002.

出典：鹿毛雅治『学習意欲の理論』金子書房、2013年

が持ってきたものをそのまま採用するのではなく、自分たちで設定した目標を吟味する時間を取った方が、後々のモチベーション維持につながります。コミットメントが難しい時には、その目標を達成することにどんな価値があるのか、また、成功する可能性（期待）があるのかを話し合ってみるとよいかもしれません。

②フィードバック

　フィードバックは、目標への進捗の確認、目標とのズレの察知がポイントとなります。子どもたちとコミュニケーションを取ることもできるので、定期的にフィードバックをする機会を作るようにしましょう。目標設定をして終わりではなく、フィードバックを組み合わせて行うことで、目標達成に向けてのモチベーションを維持させる効果があります。進捗の確認をすることによって、目標自体の見直しや、活動への取り組み方の見直しを検討することもできます。

　目標設定理論では、フィードバックの時期が重要視されています。期間を空けてのフィードバックは、本人たちも状況が曖昧になっていたり、意識が向けづらくなっていたりするからです。目標を設定してから期間を空けないでフィードバックできるように心がけましょう。

③課題の複雑さ

　目標の難易度のところでも解説しましたが、スキルに対して課題の難易度が高すぎても低すぎても、モチベーションを維持するのは難しくなります。部活動においてはこのバランスを取ることが難しくなっている場合が多く見受けられます。経験年数の差、体格の差、習熟度などによってチームに対する課題と個人に対する課題が合致しない場合があるからです。同じ課題でもレベルを設定したり、グループ分けをしたりと全員が自身のレベルにあった課題を設定できるような工夫が求められます。

　目標や課題に関係する要素が、適切に行われると自己効力感（自分が、

ある結果を生み出すために必要なある行動を上手く遂行できるか、という可能性に対する認知）が出てきます。つまり、達成するための自信がついてきます。自己効力感がついてくると、困難に直面した時に耐えられる、行動を開始できる、行動を継続できるというポジティブな影響が出ますので、モチベーションを上げやすくなります。

④子ども本人に関係する要素

　この要素は、目標を達成しようとする子ども本人が持っているもので、例えば、努力の量・スキル・知識・選択肢・粘り強さといったものです。目標達成のためには、設定した内容や環境やフィードバックだけでなく、こうした要素も当然必要ということです。目標の設定もその他の要素もほぼ揃っていても、本人が努力できない、適切なスキルや知識を持っていないという状況では当然パフォーマンスが落ちていきます。

　この場合の対処法としては、現状の子ども本人に関係する要素に合わせて目標や課題の難易度、フィードバックの内容を変更する、あるいは、子ども本人に関係する要素を必要な水準まで成長させるというやり方があります。後者の場合は、努力量を増やす、適切なスキルを身につけるといった、本人自身のベースを上げられる可能性があるのでパフォーマンスの向上率も高くなります。

　他にも目標設定からパフォーマンス発揮までに関わる要素はありますが、大きなところを紹介してきました。

　目標を設定し、影響を与えるさまざまな要素に気を配り、パフォーマンスを上げていくという一連のサイクルをしっかり回すことができると、それが子どもたちの満足感につながり、新たなモチベーションが生まれてきます。そうすることで、自己効力感のアップや新たな目標の設定へのコミットメント強化につながっていきます。

　目標設定をしたのに効果がない、あるいはモチベーションが上がらな

いという場合には、

(1)　目標設定自体が具体的で適切な難易度になっているか

(2)　影響する要素に問題はないか

・コミットメントできているか

・フィードバックは適切に行えているか

・課題の複雑さは適切か

・努力量、知識、スキルなどベースとなる子ども本人の要素は足り
ているか

(3)　そもそもパフォーマンスが上がっているか

といったポイントを押さえながら、実践してみてください。

4　モチベーションを高める方法③　褒め方・叱り方

　これまでに、子どもたちがモチベーションを上げていくためにどのようなことができるのかを紹介してきました。一言でモチベーションアップといっても、さまざまな理論や考え方があります。共通しているのは、子どもたちのパーソナリティを把握する努力をした上で、その子に合ったコミュニケーションをとっていくことが重要だということです。

　コミュニケーションの中でも特に難しいのが、褒め方と叱り方ではないでしょうか。近年では褒めて伸ばすということが注目されていますが、バランスが取れずに規範意識の薄い子どもが目立ってきているのも事実です。逆に、厳しく叱りすぎてしまい子どもがやる気をなくしてしまうという悩みは、部活動の現場でもよく見聞きします。

　それでは、子どもたちのモチベーションを高めるためにどのような褒め方や叱り方ができるのかを考えていきたいと思います。

■1　自己肯定感や自尊感情を育てる

　なぜ、子どもたちを褒めたり叱ったりするのでしょうか。それは、その子どもたちがその活動を通してより良い**成長**を遂げてほしいと願うからです。子どもの成長にとって重要なものに**自己肯定感**や**自尊感情**というものがあります。

　2008 〜 2013 年の 5 年にわたって「自尊感情や自己肯定感に関する研究」を行っていた東京都教育委員会によると、自尊感情とは、自分のできることできないことなどすべての要素を包括した意味での「自分」を他者との関わり合いを通してかけがえのない存在、価値ある存在として捉える気持ちのことをいいます（東京都教職員研修センター、2013）。つまり、自分自身の存在自体に価値を見いだせるということです。自己肯定感・自尊感情が高い子どもは、人間関係が良好である、学習や課外活動に積極的である、授業の理解度が高いなどの特徴が見られ、逆に低いとやる気がおきない、自分で判断できない、授業の理解度が低いなどの気になる行動が現れるとレポートされています。

　子どもたちの自己肯定感や自尊感情を育てるという視点に立った時に、タイミングは、場所は、言葉がけは、どのようなものを選ぶとよいでしょうか。

■2　褒め方

　部活動の現場に立つと、どうしても褒めることよりも、「もっとこうした方がうまくいく」「どうしてできないんだ」と教えすぎてしまったり、できるできないという結果に注意が向いてしまいがちです。子どもたちは自分自身で発見し解決したという経験を積むことで自信を持ち、自己肯定感を高めていきます。そのため、教えることによってできるようになっても、結果的に状況の変化に対応できなくなってしまうということが起こり得ます。

　これは、教えない方がよいということではなく、本人が気づくような

きっかけを作ったり、練習を工夫したりすることが大切だということです。そもそも何も知らなければ新しいアイディアや工夫は出てきませんので、成長に時間がかかりすぎてしまうかもしれませんし、場合によっては目標までたどり着かないこともあるかもしれません。

　したがって、子どもたちを褒める時には結果以上にその過程を褒めることが大切です。結果に焦点を当てすぎると、子どもたちはその結果までの過程にあまり注意しなくなっていくかもしれません。部活動によっては、結果が重視されるということもあるかもしれません。しかし、その過程で気づき・考え・工夫したという経験を積み重ねることで、子どもたちは成長していきます。そのステップを見逃さないように、褒めてあげてください。

　場合によっては、なかなか目標が達成できなかったり、その過程が見つからなかったりといったことが起こるかもしれません。そのような時は、目標までのステップを細かく設定してみてください。ステップを細かくすることで、見えていなかった要素が見えてきたり、行動の優先順位をつけやすくなったりします。そうすることで、子どもたちも今すべきことが発見しやすくなり、褒める機会が多くなってきます。

　気をつけなくてはならないのは、「褒める」ではなく「おだてる」ことになってしまうことです。おだてるとは、盛んに褒めてその気にさせることです。これを繰り返していると、自分自身で行動を決定せずに、褒められるためにやる、結果が出ないと簡単に諦めてしまうといった問題が出てきます。適切な目標に対して、子どもたちが自ら行動を起こしたくなるような褒め方を見つけましょう。

③　叱り方

　叱る理由は、社会的な常識や基準から逸脱した行動を戒める場合と、取り組み不足など求める水準に達していないことを子どもに自覚させる場合の2種類に分けられます。どちらの場合も放置をすると、活動全体

の規範意識が下がっていきますし、上達速度も上がっていきません。

　叱り方の考え方は褒め方とは逆になります。人格やその過程を叱るのではなく、行為そのものに注意を向けるようにします。そうすることで、本人が考えて行ったことや過程を否定するのではなく、正しい行動とはどんなことかを考え教える機会となるからです。「だからお前はダメなんだ」といった人格を否定するようなものや、いわゆる「暴言」といったものは、ほとんどの場合で拒絶やその場しのぎといった反応を引き起こし、なぜその行動がいけなかったのかを考える機会を奪います。なぜその行動がいけなかったのかを考えられず、ただ叱られていると、自尊感情が低下していき、結果として次の機会に良いパフォーマンスを出しづらくなってしまいます。

　叱るタイミングや場所も重要です。タイミングとしては、その事象が出てからできるだけ時間を空けない方が効果的だといわれています。時間が経ってから言われると、現実感を持ちにくくなるため、自分のこととして受け止めるのが非常に難しくなります。また、叱る場所は人前ではなく他の人から見えない離れた場所の方が、本人の自尊心を傷つけず、自分の感情に素直に向き合わせやすくなります。

　叱ることと怒ることは違います。指導者自身の感情にまかせて怒るのではなく、その事象を客観的に叱ることが重要です。本人の自己肯定感や自尊感情を貶めることなく、なぜいけなかったのか、どうやったら良くなるのかを考えられるような機会としてください。

復習問題

● ●

❶　原因帰属理論において、モチベーションが最も上がりやすいと
　されているのは、原因帰属がどのようなパターンの場合ですか。

❷　目標設定理論において、どのような目標を設定することがパフ
　ォーマンスにつながるとされていますか。

❸　褒める時と叱る時に注意すべきことは何ですか。

第8章 モチベーションを高める コーチング実践編

学習のポイント
- 部活動におけるスポーツ・文化活動の意義と価値を理解する
- コーチングについて具体的に理解する

　この章では、部活動指導員にとって重要なコーチングについて、前半は運動部、後半は文化部について具体例を挙げながら解説していきたいと思います。はじめに、スポーツの意義や部活動における勝利至上主義に関する問題を取り上げます。次に、トレーニングの基礎について触れ、現代の事情に即したコーチングとマネジメントについての理解を深めます。文化部についても、まず部活動における文化活動の意義を取り上げます。次に、具体的なコーチングについて触れていきます。

1 運動部活動におけるスポーツの意義と価値

1 スポーツにおける教育的意義

　実は、半世紀以上前の 1968 年に、既に"スポーツに教育的意義がある"という指摘がありました。それは、ユネスコ（国際連合教育科学文化機構）が主導して開催した国際体育・スポーツ評議会（International Council of Sport and Physical Education: ICSPE〈現 ICSSPE〉）での「スポーツ宣言(Declaration on Sport)」です。このスポーツ宣言の前文では、

　①「スポーツとは、プレイの性格をもち、かつ自己あるいは他者とのたたかい、または自然の構成要素との対決を含む身体活動である」

　②「この活動が競争をともなう場合には、つねにスポーツマンシップ

にもとづいて遂行されなければならない。フェアプレーの観念なし
に真のスポーツは存在しえない」

　③「以上のように定義されるスポーツは、教育にとって注目すべき手
　　段である」

と記されているのです（坂上、2014、73頁）。

　このようなスポーツの教育的意義は、部活動の指導者を担当している
人にとっては、理解するのに他言を要しないでしょう。「チーム全体で
勝ち取った勝利は多くの学びがあった」や「試合では負けたけれど、そ
れまでの練習やチームの取り組み、仲間と協力した経験は実り多かった」
など、それを理解するための例は枚挙にいとまがありません。それゆえ、
今日まで学校に「運動部活動」が存在しているとも考えられます。

２　「フェアプレー精神」を訴える理由

　先に挙げたスポーツ宣言の「フェアプレーの観念なしに真のスポーツ
は存在しえない」という文言は、私たちにとって大変重要なことを示し
ています。スポーツは、勝敗が決定することが前提ですから、勝利に伴
う賞賛や栄光、時には賞金などに対する強い欲求が前面に出てくると、
その手段を選ばないというケースを生み出します。フェアプレー精神を
ここでわざわざ謳う理由には、そのような反則をしたり危険なプレイを
したりする選手やチームが現れないようにするためなのです。

　だから運動部活動の指導者は、常にフェアプレー精神を持ち続けなく
てはなりません。指導者自身がずる賢く、卑怯な手段ばかりを提示して
いては、真のスポーツマンは育つはずもありません。

2 スポーツにおけるコーチング

■ 「勝つ」ことと「教育する」こと

　スポーツには勝敗がつくということは先述の通りですが、このスポーツにおける「勝利」は、多くの観点から広大な問題を形成しています。このことについてもう少し詳しく触れていきます。

　図子（2014）によると、コーチングにおける目的と行動は主に２つに分類することができるといいます。その一つは、選手の競技力の向上を目的とした指導行動で、もう一つは、人間としてのライフスキル、すなわち人間力の向上を目的とした育成行動です。前者が第一に掲げられた場合、その極にはあらゆるものを犠牲にしてパフォーマンスの向上、競技会での勝利のみに傾斜していく方向性が現れます。これがいわゆる勝利至上主義です。その逆は、人間的な教育を最重要視し、競技会での勝利は二の次であると考えるやり方です。

　このことに関連して、友添・岡出編著『教養としての体育原理』（2005）では、体育教師とコーチの違いについて言及し、「コーチは教師である」論について批判的な検討をしています。そこでは、競技力の向上を第一の任務とするコーチと教育制度上の教師との違いを示しながら、その役割の違いを指摘しています。そこで紹介されている例がとても理解しやすいため、引用して示したいと思います。

　「主人公は高校教師で、ある球技の部活動の監督（教師／コーチ）である。インターハイ県予選決勝戦、全国大会出場は１チーム。この試合に勝てば全国大会出場、負ければそのシーズンは終了。試合の最終局面でトラブル発生、選手をメンバーチェンジしなければならない。２人の選手がいる。『A君：３年間、真面目に努力してきたが、競技能力はあまり高くない』と『B君：努力もせず、練習もよくサボるが、競技能力は最高』である。B君を出場させれば多分

勝てるだろう。しかし、常日頃『努力することがいちばん大切なの
だ』、『努力しないものは試合に出場する資格はない』と選手たちに
教えている。Ａ君を出場させれば勝つか負けるかわからない。あな
たならどちらの選手を出場させるだろうか」（友添・岡出、2005、
78〜83頁）

　上記の例では、仮に人間的な部分で評価の高いＡ君を出場させたら、
この大一番で負けるかもしれません。逆に競技力と勝利を優先させてＢ
君を出場させたら、部内からは批判が起こるかもしれません。このよう
な指導者の葛藤は、指導現場ではそれほど珍しいことではないようです。
どちらを選択するかは、直接的には指導者自身の判断となりますが、そ
の前提として学校の方針や部の目標が大きく関わってきます。

　このように、競技力の向上と人間力の向上の両立の難しさは、運動指
導現場に立っている指導者にとっては容易に理解できるでしょう。さら
に図子（2014）は、この問題について、競技力の向上と人間力の向上は
相補的な関係にないとはっきり指摘しています。つまり、どちらか一方
を志向した場合、他方をそれで補うことはできないというのです。"競
技系の部活動"や"同好会的集まり"というフレーズが生まれるのは、
このような原理があるからなのです。このような視点に立つと、例えば
同一学校に「バレーボール部」と「バレーボール同好会」が存在するよ
うなケースも容易に首肯できるのです。両者を截然と区別して、どちら
かを〇％のように提示することは不可能です。しかし、「勝つ」ことと「教
育する」ことの両立を適切に（場合によっては選手と相談しながら）進
めていくことが重要であると考えます。

②　ミスマッチを考える

　前項では、勝利志向と人間力志向の関係について触れましたが、その
判断は指導者だけでなく学校の方針や部の目標が関わるということを指
摘しました。選手にとって、勝利志向の部なのか人間力を重視する部な

のかの違いは大きいと考えます。

　選手がモチベーションを維持し、志気を高めたりするのに重要となる一つの要因は、選手自身が持っている目標と部や指導者が掲げる目標との一致です。以下に2要素を挙げてみたいと思います。

①部全体の目標がその選手に合致しているか

　各運動部で設定している「ねらい」や「目標」があると思いますが、選手自身がそれにマッチしているかが重要です。

　例えば、運動初心者が多くを占める部活動で技能レベル（競技成績）が地区大会出場ほどだったとします。そのような部に「全国大会出場！」などの目標を据えて毎日朝練習、夜も長時間、土日は遠征などと続けていたら、選手のモチベーションは長く続かないでしょう。これは、部全体の目標と選手の間にミスマッチが起きているケースです。

　ここまでの乖離はなく、微妙なズレが発生している場合でも、選手にとっては大きく捉えられることがあります。指導者はそれについて常にチェックする必要があります。それぞれの選手が到達可能な目標を設定して、それに対して具体的な道のりを構成していくことが重要です。

②指導者と選手の目標が合致しているか

　目標がその選手に合致しているかを確認しなくてはならないのは、部に対してだけでなく、指導者自身との間でも必要です。選手本人の到達目標に対して指導者の目標が高すぎると、日々の練習やトレーニングにおける助言やアドバイスにミスマッチが生じます。また、その逆の可能性もあります。

　「私は、あの先生と方向性が合わないから辞める……」というケースを耳にします。このミスマッチに対しては最大の注意が必要です。目標設定に関する詳細については、第7章を参照してください。

③　「結果を出す」とは

　スポーツの種目特性の差や個人の技能レベルの差にかかわらず、ゲームや競技会において勝利するということは、誰しもうれしい気持ちになります。指導者サイドもその時々で勝たせてあげたいと願うものです。「勝利」は、時に指導者を直接的に評価することがあります。「あの先生に教わると全国大会に出られる」といったようなことを耳にすると、指導者の評価も実績次第という感じを受けます。一般的に、結果を出せる指導者というものは魅力がありますし、選手はそこに集まります。この「結果を出す」ことは、選手がモチベーションを高める大きな要因の一つであることは、間違いありません。

　ここまで端的に「結果を出す」と言ってきましたが、そこにはいくつかの異なった意味があります。一般的に私たちが「結果を出す」と言う時は、チームや選手個人が競技会で勝利することを意味します。そこでは公式の順位や記録が示されますから、誰が見ても客観的な結果になります。

　しかし、「結果」は競技会で勝つということだけをいうのではありません。選手個人の視点に立つと、普段の練習等で部内のライバルを超えたり、自己ベストを更新したりすることも「結果」に含まれます。これ

は多くの場合、客観性を持ちませんが、選手個人にとってはとても大きな結果なのです。

　さらに、普段の練習やトレーニングの中で、運動が「できる」ことや「上達する」ということも、結果といえます。動き方の修正ができたり、フォームが改善されたりした時は、そこに成果が見えるため、選手は“前に進んでいる”という感覚を持ちます。練習やトレーニングにおいて、どんな小さな結果でも一つひとつ積み上げていき、進んでいるという実感を持たせることが重要です。選手はそのような小さな結果の積み上げが実感できれば、モチベーションを高いまま維持できるのです。

4　選手の実態調査からコーチングを考える

　運動系の部活動を見ると、いわゆる“熱血教師”と呼ばれる指導者を目にすることは珍しくありません。「いいぞ！　その調子だ！」や「そんなことやっていてはダメだ！」など、大きな声がグラウンドや体育館に響きます。一方、選手（生徒）を見ると、その表情はさまざまです。目をキラキラさせて指導者を信頼している表情をしている選手もいれば、ふてくされたような顔をしている選手もいます。選手に現れる表情の背景や理由にはどのようなものがあるのでしょうか。

　暗い顔をしていたり、不満がありそうな顔をしたりしていつも指導者に怒鳴られているような選手のモチベーションを高めようとしても、そう簡単にはいきません。指導者は、選手の状態を的確に把握した上で適切な助言をしていく必要があります。

　選手の実態を把握する有効な資料はいくつか公開されていますが、ここではスポーツ庁「平成29年度　運動部活動等に関する実態調査報告書」（2018）に記されている実態を見てみたいと思います。

　この報告書における生徒を対象とした調査の中で、顧問や指導者の指導で感じていることを調査する質問（あなたは、部活動の顧問や指導者から指導を受けてどのように感じていますか）に対しては、 表8-1 の

結果となりました。

　表8-1 の中で注目すべき点は、「4．もっと専門的な技術指導を受けたい」と感じている生徒が中学校（全体）で14.1％、高等学校（全体）で15.4％いるということです。さらに、「8．指導がわかりにくい」と感じている生徒が中学校（全体）で8.4％、高等学校（全体）で7.0％と示されています。少なくとも上記2項目については、そのスポーツ種目の「指導者の専門性」に関する内容です。

　先に挙げた例のように、不満がありそうな顔をしている選手がいたとして、仮に「もっと専門的な技術指導を受けたい」あるいは「指導がわかりにくい」と生徒が感じていたら、それは指導者の問題であり、指導者自身が改善していく必要があることは明白です。

　表8-1 のもう一つ注目すべき点は、「2．体力・技術が向上している」と答えた生徒が、中学校（全体）で35.9％、高等学校（全体）で31.6％いるということです。約3割がそれを実感していることを示しています。しかし、逆にいえば7割近くの生徒が「体力・技術が向上している」と感じていないということになります。そこには程度の差があったり、部の目標・学校の方針などとの関係もあったりすると思われますが、この点についても指導者は見逃してはならないのです。

　指導者が、運動に関する専門知識や技能を持ち、選手に最適な方法で運動指導ができたら、選手のモチベーションは良い方向へ大きく変わっていくでしょう。つまり、"ドリブルで相手を抜く動き方"や"走り高跳びの踏切の仕方"を具体的に教えてくれる指導者がまさに求められているのです。この実態調査は、実にその必要性を示唆しているといえるのです。

表8-1 顧問や指導者の指導で感じていること

中学校　運動部所属　　　　　　　　　　　　　(n, %)

	全体　n28,665		公立　n26,649		私立　n2,016	
1．指導がわかりやすい	10,398	36.3	9,712	36.4	686	34.0
2．体力・技術が向上している	10,286	35.9	9,623	36.1	663	32.9
3．部活動がもっと好きになった	4,684	16.3	4,361	16.4	323	16.0
4．もっと専門的な技術指導を受けたい	4,047	14.1	3,841	14.4	206	10.2
5．指導が厳しい	2,294	8.0	2,154	8.1	140	6.9
6．指導時間が長い	1,767	6.2	1,661	6.2	106	5.3
7．指導時間が短い	1,164	4.1	1,043	3.9	121	6.0
8．指導がわかりにくい	2,403	8.4	2,281	8.6	122	6.1
9．その他	1,661	5.8	1,521	5.7	140	6.9
10．特に感じない	3,980	13.9	3,652	13.7	328	16.3
無回答・無効回答者数	360	1.3	343	1.3	17	0.8

高等学校　運動部所属　　　　　　　　　　　　　(n, %)

	全体　n21,900		公立　n16,998		私立　n4,902	
1．指導がわかりやすい	6,410	29.3	4,989	29.4	1,421	29.0
2．体力・技術が向上している	6,925	31.6	5,322	31.3	388	15.2
3．部活動がもっと好きになった	2,471	11.3	1,940	11.4	320	320
4．もっと専門的な技術指導を受けたい	3,370	15.4	2,639	15.5	297	11.7
5．指導が厳しい	1,303	5.9	950	5.6	86	3.4
6．指導時間が長い	1,403	6.4	1,031	6.1	111	4.4
7．指導時間が短い	918	4.2	723	4.3	143	5.6
8．指導がわかりにくい	1,542	7.0	1,196	7.0	149	5.9
9．その他	1,681	7.7	1,301	7.7	239	9.4
10．特に感じない	3,733	17.0	2,954	17.4	707	27.8
無回答・無効回答者数	369	1.7	280	1.6	116	4.6

出典：スポーツ庁「平成29年度 運動部活動等に関する実態調査報告書」2018年

3 コーチングに必要な知識・技能

■ パフォーマンス発揮を支えるトレーニング

　スポーツ庁「平成29年度 運動部活動等に関する実態調査報告書」
(2018) で専門的知識・技能のコーチングの必要性が示されたところで、
具体的なコーチングの内容に触れていきたいと思います。ここでは、パ
フォーマンス向上に必要な「トレーニング」の概要から進めていくこと
にします。

　「トレーニング」とは、スポーツにおける達成能力（競技力）を高め
るために、目標を目指して計画的に行われる複合的な行為の全体と解さ
れます（バイヤー編／朝岡監訳、1993）。日本体育学会監修『最新スポ
ーツ科学事典』(2006) によると、トレーニングは、体力トレーニング、
技術トレーニング、戦術トレーニング、メンタルトレーニングなどに細
分化されるといわれます。各種トレーニングの概要は 表8-2 に示した

表8-2 トレーニングとその概要

トレーニング	概　要
体力トレーニング （Physical Training）	筋力・持久力・スピード・パワー・柔軟性・調整力といった体力因子を高めるために行われるトレーニング
技術トレーニング （Technique Training）	種目固有の運動技術の習得や改善が目指されるトレーニング
戦術トレーニング （Tactical Training）	競技中に有効な戦術行動をとるのに必要な能力（戦術力）を、計画的に身につけさせ向上させることを目的として行われるトレーニング
メンタルトレーニング （Mental Training）	精神力や意志力の強化が目指されるトレーニング

※ 日本体育学会監修『最新スポーツ科学事典』（平凡社、2006年）をもとに筆者が作成した。

通りです。

② 体力トレーニングと技術トレーニング

　ここでは、運動指導の実践のための具体的内容に入っていきます。表8-2に示した4つのトレーニングのうち、「体力トレーニング」と「技術トレーニング」に絞って進めていくことにします。

　「体力トレーニング」は、どのスポーツ種目にとっても重要であることはいうまでもないでしょう。相手と衝突した際に当たり負けしない身体や高いジャンプができる筋肉などを獲得するのがこの体力トレーニングです。そこには筋力、持久力、スピード、パワー、柔軟性、調整力といった体力因子を高めるために行われるトレーニングが含まれます（日本体育学会、2006）。体力トレーニングは、表8-3に示したように2種類のトレーニングに分かれています。

　体力トレーニングは、一般的体力トレーニングにしても専門的体力トレーニングにしてもさまざまな測定機器を用いて計測することができ、客観的数字によって示される特徴を有します。

　続いて「技術トレーニング」の内容に入っていくことにします。技術トレーニングでは、種目固有の運動技術の習得や改善が目指されます。技術トレーニングを計画する場合には、とりわけ、運動学習に関するさ

表8-3 体力トレーニングの種類と概要

体力トレーニングの種類	概　要
一般的体力トレーニング	健康の維持・増進を目的とした一般人のトレーニングに適しており、競技スポーツのトレーニングでは移行期のトレーニングとして行われる。
専門的体力トレーニング	特定の種目で行われる運動やそれに近い運動が用いられるので、効果はその種目に限定される。

出典：表8-2に同じ

まざまな知見が利用されます（日本体育学会、2006）。この運動学習については、次の「運動形成の五位相」で詳しく立ち入ることにします。

　グロッサー（Grosser, M.）とノイマイヤー（Neumaier, A.）は、技術トレーニングについて次のように述べています。すなわち「計画的、体系的（積極的）にスポーツ技術に取り組ませることによって、選手に特別な運動経験を獲得させる。この運動経験は（たとえば技術の示範や運動の記述を通して）さらに情報を与えることによって適切な運動表象（運動像）と結びつき、そこから適切な運動プログラム（神経─筋─指令）が、さらには運動協調（運動の開ループ制御と閉ループ制御）に必要な能力が発達する」というのです（グロッサー・ノイマイヤー著／朝岡・渡辺・佐野訳、1995、58頁）。技術トレーニングが競技パフォーマンス向上のために重要であることは、彼らの指摘からも理解できます。そして、それはスポーツ種目ごとに専門的な内容へと特化していくことになります。日本コーチング学会編『コーチング学への招待』（2017）では、「スポーツにおける技術力の獲得は、戦術力と並んでトレーニングの直接的目標となる。そのため、運動技術の開発、改良、ならびにその指導はスポーツパフォーマンスに対して決定的な意義をもっている」（98頁）と述べられており、指導者にとって、技術トレーニングに関する専門的知識は必要不可欠であることが分かります。

　一方、選手は部活動の指導者が技術に関する専門的知識を有しているかということを鋭く感じているものです。動きがうまくできずに悩んでいる選手に対して、その場で的確な動き方に修正してくれる指導者が望まれているのです。選手のモチベーションを高めるためには、「技術の指導」という視点から見ても重要であると考えられるのです。

③　運動形成の五位相とは

　前項で、技術トレーニングにおいては運動学習に関する知見が必要であると述べましたが、ここでいう運動学習とは、動きのコツやカンを掴

むことで運動が上達するという意味です。この項では運動が上達するための「運動形成の五位相」について詳しく見ていきます（ 表8-4 参照）。

　日本コーチング学会編『コーチング学への招待』（2017）では、「スポーツ技術の習得は、それぞれの学習段階ごとに特徴的で逆戻りしない形成位相に沿って進行してゆく。こうした一般的な動感形成のプロセスを類型的に示すのが『運動形成の五位相』であり、これを手引きとして、指導者は学習者の発生分析を行う中で学習者の動感形態の形成位相を査定し、その特性に合わせて指導の対策を講じることができる」（118頁）といわれています。

　技術をトレーニングする理論というと難しいと感じる人もいるかもしれませんが、ここでは大雑把に「新しい動きを習得する」または「習得した動きを修正する」ための理論と捉えても差し支えないでしょう。

　運動形成の五位相は、「運動形成における諸位相のあいだには、決して明確な区分線が存在するわけではないけれども、その順序性は不可逆的」（金子、2002、418頁）なものです。この五位相は、文章だけで理解するのは難しいですから、ぜひ具体的な運動を例に挙げてそれに当てはめて理解するようにしましょう。ここでは紙面の都合上、詳しく説明できませんから、さらに詳細を知りたい人は関連図書を参照してください。

表8-4　運動形成の五位相

運動形成の五位相	概　要
① 原志向位相	新しい動き方を学習する初めの位相。「なじみの地平」と呼ばれ、何となく「嫌な気がしない」など、その運動世界を感情的に忌避しないという意味で、学習者自身も気がつかないうちに動きの感じとして共感が生じていることが特徴。
② 探索位相	練習に興味をもち、主体的に取り組むようになると、学習者は、たといおぼろげながらも、それまで持っている運動感覚的に似たものを駆使して目標とする動き方のコツやカンに探り入れをしていくようになる。意識してできようと試行錯誤する位相。
③ 偶発位相	練習を続けるうちにときどき成功が現れるようになるが、その運動の成功が「まぐれ当たり」であることを特徴とする。学習者は「何となく動く感じが分かるような気がする」と感じる。
④ 形態化位相	技術トレーニングの大半を占める重要な位相。形態化位相は、コツやカンをつかんで一応の確信が持てる「図式化位相」、一度できるようになった運動ができなくなる「分裂危機位相」、さらに質の高い動き方を志向する「洗練化位相」、成功の幅を広げる「わざ幅位相」に区別できる。
⑤ 自在化位相	あらゆる習練の末に自由自在な動感形態が成立する位相で、情況の変化に応じて即興的に最善の動き方が可能になる。この位相では、まさに「思うがまま理にかなって動ける段階」に達する。

※ 日本コーチング学会編『コーチング学への招待』（大修館書店、2017年）をもとに筆者が作成した。

4 現代のスポーツ指導

① 映像機器等を効果的なツールにする

近年では、タブレット端末をはじめとした映像機器が発達して、それらがスポーツの実践現場に大きく介入してきています。練習中に選手が自分の多機能型携帯電話（スマートフォン）を一生懸命のぞいていると思ったら、それは自分の動作の確認であったりするのです。かつて、そのような機器が発達していない時代では考えられないありようです。昭和から平成の間に発達したいわゆる携帯電話は、これまで「私的なもの」としてトレーニングの現場に持ち込まれることはなかった物です。しかし、スマートフォンの映像等の有用性が知れ渡ると、それを取り入れる選手や指導者が増えてきているのが現状です。

タブレット端末やスマートフォンは、そのカメラ機能を用いて選手の様子を効果的にフィードバックしてくれたり、その他のアプリケーションなどでさまざまなデータを私たちに提供してくれたりしますからとても便利です。

映像による自らの運動チェックは、一般的にフィードバックと呼ばれていて、多くの場合、即時的に（実施直後にその場で）行われます。したがって、選手が「こんな感覚で動いてみよう」と志向して動いた直後に、その結果がどうであったかを映像で確認することができるのです。

指導者は、映像機器等の利用を積極的に取り入れて、効果的な運動指導を展開しましょう。

② 映像機器の弊害を考える

タブレット端末やスマートフォンなどの映像機器は、練習にどのように取り入れれば有効な手段となるのでしょうか。"便利である"ことが先走って利用の仕方を間違えると、弊害もあるようです。以下に、ある

部の例を挙げてみたいと思います。

ある高等学校の体操競技部では、映像の機器が技術トレーニング（技の習得や修正）に有効であるとして体育館の壁に定点カメラを取り付けて撮影し、常に近くのモニターにその様子を映すようにしました。その映像は遅延ソフトを介して実施の15秒後の映像が常に流れ続けるという設備を整えたのです。選手は自分の技（宙返りなど）を実施した直後に、その動きが映るので確認できます。今の技は膝が曲がっていたから悪い、伸びていたのでよかったなど……。さらに指導者は、個人的にいつでも映像の保存ができるようにタブレット端末もいくつか用意しました。利用し始めた初期は、運動イメージの形成に極めて高い効果を示しました。それは研究調査等をしなくても指導者にも選手にとっても明白でした。現代ならではの最高の練習環境です。

しかし、数カ月たった頃に指導者はあることに気づくのです。「選手が映像しか見ない」と。練習量そのものは落ちずに自ら技をたくさん練習するのですが、やるたびに映像で確認するようになりました。選手は映像が無いと毎回不安になるというのです。「映像依存」とでもいえる状況になってしまったのです。練習仲間との感覚に関する対話も少なくなった上、指導者のアドバイスも以前より聞かなくなった印象を受けるのです。

この状況は、運動イメージを内省する力、つまり自らの運動を内側から観察する能力（このことをマイネル〈Meinel, K.〉は「自己観察」と呼びます）が減退した例なのです。自らの感覚意識がどこかにいってしまったような状態になり、外部視点から（外形的姿勢の変化）のみの観察になってしまいます。さらに、映像をスローモーションやコマ送りにしてしまうと、運動リズムなどコツの習得に重要な内容が捉えられなく

なってしまうこともあるのです。

　このように、映像機器を多用することによる弊害もまた、指導者が理解しておくべき点であると考えられます。

３　マネジメントの重要性

　次に、現代のスポーツ指導において留意しなくてはならない点として、チームのマネジメントについて触れます。選手のモチベーションを支えるもう一つの要因は、健全な部の運営にあります（第４章参照）。

　まず、ミーティングが重要であることを挙げます。練習の方向性の決定や遠征の計画・実施に関わる連絡は必須であることはいうまでもありません。ミーティングでのコミュニケーションは、実践練習場面とは異なり、落ち着いて意見交換などができるため極めて有効です。

　また、お金（いわゆる部費）の管理の重要性についても言及しておきましょう。運動部活動では大会出場や合宿遠征、ユニフォーム購入など、いろいろなお金が部内を行き来します。指導者はこれを適正に管理する必要があります。場合によっては選手である部員や保護者にその会計の詳細を明示する必要もあるでしょう。「うちの部、部費の使い道が不透明で……」や「このあいだ集めたお金はどのように使われているの？」などというように、部員に不信感が残るような会計のありようは避けるべきでしょう。

5　部活動における文化活動の意義

　文化庁「文化部活動の在り方に関する総合的なガイドライン」（2018）によると、文化部の活動には、芸術文化、生活文化、自然科学、社会科学、ボランティア、趣味等の活動など、幅広い分野の活動が含まれています。長沼編著『部活動改革2.0』（2018）においては、文化部活動について、全国高等学校文化連盟における規定部門の19の専門部を例に挙げ、それぞれの部と学習指導要領の記述との関連を示した上で、「国語や芸術を中心に、複数の教科との対応関係が明確であり、各教科等での学習内容が文化部活動とつながり、発展的な学習機会となっている」（55頁）としています。さらに、専門部以外のさまざまな文化部活動についても「文化部活動と教育課程とは強く関連している」（55頁）と述べ、文化部活動が学習指導要領に明記されている「学校教育の一環として、教育課程との関連が図られる」活動であるとしています。

　また、文化部活動は、教育課程と密接な関連を図りながら行われる活動である一方、教育課程の活動以上に専門性を必要とする分野も多くあります。そのため、授業だけでは得られない文化や芸術に関する知識・技能を獲得し、深めることができる活動であるといえるでしょう。

　運動部の活動は試合・大会といった勝敗を決めるものが大きな目標となることが多いでしょう。文化部においても、音楽部や演劇部、放送部、ロボット部などは、コンクールや大会に出場し、賞によって他校との優劣をつけられることがありますが、発表会や演奏会などの点数や賞で優劣をつけられることのない活動を目標としていくことも文化部の特色といえます。子どもたちのモチベーションとなっているものの一つにコンクールなどの外的な目標が挙げられますが、それだけではなく、コンサートや展覧会などの発表の機会に向けてより良いものを作り上げていくために知識・技能を高めていきたいというような内的な目標もあります。

このように、文化部の活動では、多様な角度からモチベーションを高めていくことが可能だといえるでしょう。

　文化部の活動は、レギュラーや補欠といった枠組みがない（ことが多い）のも特色です。全員参加だからこそ、芸術文化等の知識・技能を身につけることのみならず、そこに至るための過程における異年齢間の人間関係の構築、リーダーシップの育成などにも期待できると考えられます。指導者を中心としてリーダーを育成することで、下級生や初心者への指導の負担を軽減できるとともに、上級生はそのためにさらに技術を磨き、下級生は先輩から学び目標とするといったように相互のモチベーションの向上が期待できます。こうした精神的な面での成長を促していくことができるのも文化部活動の大きな意義であるといえます。

6　文化部の指導において必要な知識・技術

1　専門的な知識・技術

　文化部を指導する上で最も重要となるのは、指導する分野に対する知識と技術でしょう。現代社会においては、インターネットを利用して調べれば、多くの知識を簡単に手に入れることができます。生徒がインターネットからさまざまな知識を得て部活動の参考にしている例は少なくありません。しかし、そうした簡単に手に入る情報では、表面的な知識は得られても、それだけで正しく技術を習得できるとは限りません。専門的に学んだ者でなければ指導・実演ができないような深い知識・技術を指導者が身につけており、それを目の前で実演できるということは、生徒が正しい技術を習得するために欠かせないでしょう。音楽、美術、演劇、書道など、いかなる活動においても、学習者が言葉や動画での説明だけで正確に理解することは難しいものです。指導者が目の前で実際に見せながら指導をすることでしか伝えられないことも多いのではない

でしょうか。

❷　専門以外の幅広い知識

　指導する分野によっては、自身の専門に関わる周辺的な知識や、それ以上の幅広い知識が必要になることも多いといえます。

　例えば、吹奏楽部の場合は特に幅広い知識が必要で、指導者が専門とする楽器の指導以外に、全体合奏や金管セクション・木管セクションの指導の中でさまざまな楽器の指導をする場面もあります。とりわけ初歩指導の場合には、各楽器の専門家に手ほどきをしてもらうことが理想的でしょうが、必ずしもそれが実現できる環境にあるとは限らず、一人の指導者が各楽器を指導しなければならない場合もあるでしょう。

　そのような場合にも、専門外だから指導ができない、というわけにはいかないので、各楽器の基本的な奏法や初歩指導の方法を知っていることも指導の際に必要です。さらには、奏法だけではなく、各楽器のメンテナンス法、吹奏楽独特の練習法、指揮法、レパートリーなど、幅広く多様な知識・技能も指導者の素養として身につけておくことで、それがさまざまな場面で生かされるでしょう。

　これは美術部などにおいても同様のことがいえます。指導者の専門が絵画であっても、彫刻、デザインなど複数ジャンルを指導しなければならない場面があるでしょう。そのような場面でも何らかの示唆を与えられるように、専門の分野以外にも、さまざまな知識を身につけておく必要があります。

　こうした知識はたくさん持っているに越したことはありません。指導者として常に新たな知識を身につけたり、現在持ち合わせている技術をさらに磨きつづけたりするように努力することも必要です。新しい情報は次々と発信されます。その情報を取捨選択し、自身の指導に必要なものであればどんどん取り入れていくことで、指導力はより強固なものになっていくでしょう。

3 伝える力

　指導者が目の前で実演することは、生徒にとって大きな学びとなると いえますが、それをさらに噛み砕いて言葉にして伝えることもまた必要 だといえるでしょう。特に芸術の分野では、目に見えない感性的なこと を言葉にして伝える必要が出てきます。どんなに専門的な知識・技能を 有していても、それを難しい専門用語で説明するだけでは、生徒は当然 困惑するばかりで理解できないでしょう。その業界では一般的に使われ ていても、生徒にとっては初めて耳にする言葉も多いので、使う際に生 徒がどこまで理解できているのか確認しながら指導していくことも重要 です。

　例えば、音楽系の部活動を指導していてよく使う言葉に「歌う」とい うものがあります。「歌う」とは歌唱を示す言葉ですが、音楽表現上の 用語として「感情豊かに表現する」という意味もあります。指導をして いて、抑揚が足りないときに「もっと歌って！」というような指示をす ることがよくありますが、生徒の技術や理解度を把握せずにこういった 言葉を使っても、指導者が思った通りに伝わらないことも起きてきます し、次頁の例のように、器楽の演奏中に文字通りに声に出して「歌って」 しまったりすることが起きないとも限りません。

　目に見えないものを言葉で表す時には、比喩的にイメージを伝えたり、 具体的に説明したり、その両方を使い分けながら指導することで生徒の 理解がより深まるといえるでしょう。上述の「歌う」の事例でも、例え ば「電車が遠くから急速に近づいて通り過ぎていくような」という比喩 表現や、「ここからだんだん大きくしていって、すぐに弱くしていく」 という具体的な表現など、いろいろな指導の仕方があります。こういっ たものを生徒の理解度に応じて組み合わせ、指導者の実演なども入れな がらさまざまな角度から物事を説明していくことで、より説得力のある 指導が可能になるでしょう。

④　教育に関する知識

　さらに、より専門的な教育学について学ぶことで、指導に関して多く
の示唆を得られるでしょう。学校教育の一環である部活動の指導に携わ
るのであれば、教育者として基本的な教育学の知識があることは決して
無駄なことではないでしょう。本書で取り上げているモチベーション（動
機づけ）のような教育心理学の知識は実践に密接に関わってくる学問で
すし、教育の歴史や哲学を知ることも自身の教育観を養うのに一役買う
かもしれません。自身の指導を理論に裏づけられた確固としたものとす
るために、教育学を学ぶことは重要だといえます。

7　指導の基本的原則

①　求められている指導内容の把握

　部活動指導員は、自らが中心となって指導を進めていく場合もありま
すが、多くの場合はメインに指導する教員がいるところに、専門的な見
地からサポートをするという立場で指導に入ることになるでしょう。
　第2節「スポーツにおけるコーチング」でも触れましたが、そのよう

な状況で指導に入る場合は、特に生徒や学校の部活動に対するスタンスや、顧問が部活動指導員に求めている指導内容を正確に把握しておく必要があります。コンクール上位入賞を目指しているのか、結果よりも活動を楽しむことに主眼を置くのか。基礎的な技術指導か、発展的・実践的なレベルの指導なのか、生徒の間にレベルの差がある場合、どこに合わせて指導するのかなど、顧問の先生がメインで指導している場合には、主指導の先生が部活動に対してどのようなスタンスなのかを把握する必要があります。

　単発で指導に入る場合は必ずしもその限りではなく、むしろ自由に指導してよいことの方が多いかもしれません。しかし、長期的に指導に携わる場合はそうはいかず、顧問の先生が求めている指導の方向性を理解して、足並みをそろえて指導にあたることが必要だといえるでしょう。複数の指導者が異なった方向を向いて指導をしてしまっては、生徒はどれが正解なのかが分からず混乱をきたす可能性が出てしまいます。

　吹奏楽部、合唱部、演劇部など、部活動によっては、コンクールやコンテストに出場する際の指導を依頼されることもあるでしょう。その場合、勝負にどこまでこだわるのかは学校ごとに異なるので一概にはいえませんが、上位入賞のための指導をすることが至上命題になる場面というのはほとんどないといってよいでしょう。多くの場合に求められるのは、生徒の技術的および精神的成長であることがほとんどだといっても過言ではありません。顧問の先生だけでは指導できない専門的な部分を補い、生徒が自らの知識や技術を高めるための方法を知ることで、さらに努力するためのモチベーションとしていくための指導が求められます。

② 時間に対する意識

　部活動の活動時間は、以前と比べて短くなってきているため、指導も限られた時間の中で行われることが求められます。部活動指導員は、決

められた時間の中で、時間を効率よく使ってどのような指導をしていくのかを考えていくことが必要です。そのためには、その日の指導内容を精選し、さらに指導後の自分の指導にあたらない活動時間の中で、どのように時間を使っていくのかを生徒たちに考えさせるような指導をすることも、生徒のモチベーション向上に必要です。

　せっかく指導をするので一度にたくさんのことを伝えたい、という気持ちが出るのは当然でしょう。とはいえ、決められた時間を超えてまで長々と指導するのは効率的ではありません。長くなるのであれば、あらかじめ学校や保護者に終了時間を伝えるなどしておかないと、帰りが遅くなりトラブルになることも考えられます。学校によっては、放課後の下校時間を守れないと、一定期間部活動停止の処分が下されるところもあります。熱心に指導するがあまりに活動が制限されたり、そうでなくとも時間を守れない部であると判断されたりしてしまったら、どんなに頑張っていても評価されません。学校生活において、子どもたちは決められた時間の中で活動をしています。部活動指導員も学校のルールに従って指導をしていくことが求められます。

❸　報連相の徹底

　表2-5（18頁参照）にある通り、文部科学省「中学校学習指導要領解説」（2017）および「高等学校学習指導要領解説」（2018）において、部活動は「教育課程内の活動との関連を図る中で、その教育効果が発揮されることが重要」だとされています。部活動指導員はこのことを念頭に置いて、部活動の顧問を通して、学校や生徒の状況などを情報共有しておく必要があります。その日の練習はどのような内容でどのような課題を出したのか、活動中の生徒の様子で気になることはなかったか、このような練習をしてみてはどうか、などの報告・連絡・相談（報連相）は綿密にする必要があるでしょう。定期試験、学校行事等で部活動の時間が取れないことも多く、そうしたことも踏まえて進度を考慮した上で

課題を出したり、将来的な目標設定をしたりしていかなければなりません。そういったさまざまな情報を顧問と部活動指導員とで共有しておくことが、相互の信頼関係の構築のためには欠かせません。

　熱心に指導をしているからといって報連相を怠ると、大きな問題になることもあります。学校での活動だけでは練習時間が少ないからといって、部員を学校外で集めて指導するのは、それが仮に部員の要望であっても注意する必要があります。部員を集めての練習やイベントへの参加などを顧問や保護者に無断でするようなことはせず、顧問とよく相談した上で然るべき手続きを踏んで実施すべきです。実際に、部活動指導員が事前に顧問に相談なく学校外で指導したことが問題となり、その部活動指導員が辞めさせられた事例も報告されています（東京都教育委員会、2019）。生徒との連絡先の交換も注意が必要です。基本的には個人的なやり取りはしない方がよいでしょうが、どうしても必要がある場合は、顧問の先生に確認を取った上で行う必要があります。

　稀ではありますが、保護者が子どもの部活動に熱心で、顧問に無断で保護者から部活動指導員に対して直接指導を依頼してくることがあります。そういった場合でも、学校の活動時間を超えて指導する場合は、必ず顧問に確認し、顧問と保護者と部活動指導員との三者でコミュニケーションを密にしておくことが、相互の関係を円滑にする上で欠かせません。仮に顧問が指導に直接関わらない部であったとしても、活動内容や指導内容について報告を怠っていると、後で問題が出てくる可能性もありますので、留意しておきましょう。

4　確固たる指導理念の確立

　教育者として部活動指導に携わるために、最終的に必要となるのは、何のために、誰のためにその部活動を指導するのか、その活動を通してどのような人間形成に資することができるのか、といった強い教育理念を持って指導に情熱を注げることではないでしょうか。「コンクールで

勝つために指導をしたい、金賞を取らせることが自分の仕事」というのは、指導者としてあまりに了見が狭いといわざるを得ません。もちろんコンクールやコンテストに出場する以上、上位を狙うのは至極当然なことではありますが、そこが唯一の目標であるというのは教育的だとはいえません。その活動を通して何を子どもたちに学ばせたいのか、どのような力を育てたいのか、といった教育理念が明確であることが求められます。

　聞いた話では、生徒の前で「私が指導するからには金賞を取っていただきます」というような宣言をする音楽指導者もいるそうです。もしそのように思うのであれば、あらかじめその旨を依頼を受ける際に伝えておく必要があります。なぜならば、部活動指導員にそれを求めている学校はそう多くはないからです。そのスタイルを貫くのであれば結果を求める学校を探して指導しないと、指導者も子どもたちも健全な気持ちで活動ができないのではないでしょうか。

　部活動指導を、自分の名声を上げるために利用するようなことは厳に慎まなければなりません。時間外の練習やハラスメントなどで問題となる指導者は、生徒に結果を残させて自分の立場をよくしたい、というような気持ちがどこかにないでしょうか。誰にも求められていない指導をしてまで生徒に結果を求めるのは、指導者のエゴであることを自覚しておく必要があります。自分のためではなく、子どもたちの成長のために指導をしているということを忘れてはいけません。

　部活動はあくまで任意の活動です。好きな活動を通して他の学校活動では得られない経験を積み、そこから子どもたちの内面的成長を図ることに部活動の意義があります。確固たる教育理念を持った上で、そういった成長を促すような働きかけをし、数々の体験からの学びを通して、生涯その活動を楽しんでいく心を育む一助とすることが、部活動指導をする中で必要なのではないでしょうか。

8 文化部におけるコーチング

　文化部活動は、先に述べたように、そのジャンルは多岐にわたります。音楽系の部活動や演劇部など、全員が一つのものを創り上げていく部もあれば、美術部など個別の活動に重きを置いた部もあります。また、前出の運動部の解説でも取り上げたように、コンクールに向けて練習を重ねていく「競技系」の部もあれば、そうではなく個々の部員の興味・関心を追求していく部活動もあり、それぞれの部活動によってそのスタンスは大きく異なっています。各学校や各部の実態に即した指導をしていくことも部活動指導員には求められます。そのことを踏まえた上で、部活動指導員が部活動指導においてどのように顧問の先生や生徒と関わっていくのか、その一例を紹介します。

1 顧問の先生との打ち合わせ

　先に述べたように、顧問の先生との打ち合わせを通して、さまざまな情報を共有しておく必要があります。特に、初めて指導に行く部の場合には、指導前に現在の活動状況や生徒の様子、今後の指導方針などを確認しておきましょう。

　まず、現在どのような練習や制作、研究をしており、それを発表する機会がいつになるのか、目標をどこに定めているのかを把握しておきます。それは、活動計画や指導計画を立てる上で重要です。部活動は、年度区切りで活動計画を立てることもありますが、最上級生が引退する時期から新たな体制としての活動がスタートすることも多くあります。指導する部の年間スケジュールを確認しておくことで、その後の展望を見据えた指導ができるでしょう。

　また、生徒についての情報共有も重要です。部長・副部長などのリーダーとなる生徒、指導上留意すべき事項のある生徒などについて確認し

ましょう。特に精神的・身体的に支援の必要な生徒などが在籍している場合は、対応の仕方などを特に詳しく聞いておく必要があります。だからといって無理に聞き出す必要はありません。必要があれば顧問の先生から話があると思いますので、その時にはよく確認しておいてください。場合によっては、生徒の性格、学校の成績、家庭環境など、守秘義務が生じるような個人情報を耳にすることもあるでしょう。そのような情報については他言することのないよう細心の注意を払わなければなりませんが、そういった生徒の個性を把握しておくことで、個に応じた指導が可能になることもあります。

　さらに、指導する日ごとに指導内容や指導時間の確認をしておく必要があります。どのような内容の指導をするのか、終了時間は何時か、休憩はどのくらい取るかなども確認し、その日の指導内容をどうしていくのか顧問の先生と確認しておきましょう。もし、それまでに行われていた練習や活動から大幅に内容を変える可能性があれば、あらかじめ顧問の先生の了承を得ておく必要があります。さもないと、良かれと思って指導をしたつもりが、顧問の先生から求められていないことを指導することになってしまいます。部活動指導員と顧問の先生との信頼関係を高める上でも指導の質を上げる上でも、入念な打ち合わせが不可欠だといえるでしょう。

② 現状の観察と改善点の提示

　実際に指導に入るにあたって、すぐに指導に入ることもあるでしょうが、一度普段通りに練習や活動をしてもらい、観察をすることで改善すべき点がないかどうか確認するのも一つの方法です。生徒だけで行う練習メニュー等があるのであれば、リーダーが他の部員にする指示等も含めて普段通りにやってもらい、それを観察することで問題点を洗い出していくことができます。

　観察をする中で、上達のために何が必要なのか、どこを改善する必要

があるのかを確認し、提示します。その際、決して現状やこれまでの練習を否定するのではなく、さらに良いものにするためにどうしていくのか、というのを顧問の先生や生徒たちと一緒に考えていくようにすると受け入れられやすいでしょう。頭ごなしに否定してしまうと、それが仮に正論であってもなかなか素直に受け入れてもらえないことがあります。

　このように、顧問の先生や生徒のやり方に共感を示しつつ、自らの意見を受け入れてもらえるような投げかけをしていくことで、活動が部活動指導員から強制されたものではなく、生徒たちが能動的に動くためのモチベーションとなっていくでしょう。それまでのやり方の否定は間接的に顧問の先生を否定することにつながり、教師と生徒の信頼関係を壊すことにつながりかねません。生徒が顧問を見下すようになってしまい、そのことが部活動だけでなく、授業にまで影響を及ぼすこともあります。顧問の先生や他の部活動指導員の指導も尊重しつつ、改善すべき点を的確に抽出し、さまざまな信頼関係を損なわないようにしながら子どもたちのモチベーションを上げることも、部活動指導員の大事なスキルだといえるでしょう。このように、コミュニケーションにおいて、相手の気持ちを相手の身になって感じることをカウンセリングマインドといい、

肯定的受容・共感的理解をもって、子どもを受け止めることが大切です（佐島・小池、2016）。カウンセリングマインドを持って指導にあたることで、生徒とのコミュニケーションが円滑になる場面も多いでしょう。

③　基礎から実践へ

　音楽部や演劇部など、ウォーミングアップや基礎的な練習を必要とする部活動もあるでしょう。合唱では発声練習、器楽であればスケール練習、演劇であれば滑舌や呼吸の練習など、それぞれの分野に特有の基礎練習があり、日々の練習の中でルーティンとして取り入れていく必要があります。

　しかし、残念ながらその目的がはっきりせず、基礎練習そのものが目的化してしまっていたり、ただ練習をやらされているだけだったりする光景を目にすることがあります。そうした練習の形骸化は、上達を妨げるだけでなく、練習の意義が見出せずにモチベーションの低下を招く恐れもあります。

　基本的な技術を習得することがいかに実践に結びつくのか、その展望を示してあげることで、単調な活動の中に目的意識や楽しみを持たせるような指導をするのも指導者の腕の見せ所だといえます。それだけでは無機質になりがちな基礎練習も、その先の演奏や演技につながっていくことを実感させることで、練習の意義を見出し、さらに高いモチベーションで練習をすることができるようになっていくでしょう。

④　リーダーシップの育成

　どんなに質の高い指導をしたとしても、指導者がその場にいないと活動ができないのでは、技術や知識の向上は見込めません。生徒の中のリーダーを育て、リーダーを中心として活動を進められるようになっていくことで、さまざまな課題を自ら発見し、解決していく力が身に付いていきます。指導者から言われたことだけをするのではなく、生徒たちが

自ら活動の仕方を考えられるようになることで、部活動は自主的・自発的な活動になっていくでしょう。

　生徒を中心として進めていくことに慣れていないと、リーダーは最初のうちは戸惑うこともありますが、指導の中であえてリーダーを中心に進めさせて、指導者は傍観するのも一つの方法です。「今、何が問題で、どのように直すべきか」などをリーダーに問いかけながら進めていき、その中でいろいろな気づきがあることを自覚させていくことで、徐々に自分たちの活動を客観的に見られるようになっていきます。リーダーでなくとも、上級生が下級生を指導することで、上級生としての自覚も生まれ、指導をするために自らの活動内容や行動を見つめなおすことにもつながっていくでしょう。そういった意味でもリーダーシップの育成は、部活動指導に欠かせないものだといえます。

復習問題

●●

❶　パフォーマンス発揮を支えるトレーニングは、4種類あります。4つの○○トレーニングをすべて答えましょう。

❷　技術トレーニングにおいて重要な「運動形成の五位相」の5つをすべて答えましょう。

❸　運動指導において映像機器の利用はメリットが多いと考えられていますが、映像機器利用の弊害も考えられます。その内容を答えましょう。

❹　指導に際して顧問の先生と共有しておくべき情報をすべて答えましょう。

❺　生徒とのコミュニケーションにおいて、相手の気持ちになって肯定的受容・共感的理解をもって子どもたちを受け入れるような態度、考え方を何といいますか。

第**9**章　部活動におけるハラスメント

学習のポイント
- ●ハラスメントが部活動運営・指導・生徒の心身に与える影響について理解する
- ●ハラスメント防止策について考える

　運動部を中心に体罰・不適切な指導の問題が指摘されており、これはハラスメントの一種として捉えることができます。生徒の健全な成長のために存在する部活動におけるハラスメントは絶対に避けなければならないものですが、そのためには、実際にどんなことが起こっているのか、また、ハラスメントが生徒にどんな影響を及ぼすのかについてしっかり理解しておく必要があるでしょう。

1　ハラスメントとは

1　ハラスメントの種類

　「○○ハラスメント」という言葉が最近よく聞かれるようになりました。ハラスメントとは、他の人に対して肉体的・精神的な苦痛や不快感などを与え、相手の人権や尊厳を貶める行為を指し、簡単な言葉を使えば「嫌がらせ」や「いじめ」に当たります。

　代表的なものは、セクシュアル・ハラスメント（セクハラ、性的いやがらせ）でしょう。セクハラは、職場や学校における立場や上下関係を利用して下位にある者に対して何らかの言動を強要する「対価型セクハラ」（例：女性だけを選んで来客時にお茶くみをさせる）と、受け入れがたい性的な言動を繰り返す「環境型セクハラ」（例：胸が大きいなど

の性的な発言をする、しつこくデートに誘う）に大別されます。

　その他に、同じ職場で働く者に対し職務上の地位や役職などの優位性を背景に、適正な業務の範囲を超えて精神的・身体的苦痛を与える**パワーハラスメント**（例：ちょっとしたミスに対して「できない奴」「早く辞めろ！」などの暴言を吐く、過大な要求を出してできないと降格処分・叱責など行う）、アルコールハラスメント（飲酒を強要するなどお酒にまつわるハラスメント）、スメルハラスメント（においによって他人を不快な気持ちにさせるハラスメントであり、口臭や体臭が主だが香水も当てはまる）など、多様なものがあります。

② 部活動指導におけるハラスメント

　部活動指導の際にも「ハラスメント」が起こると考えられます。つまり、役割上の地位や技術レベル、人間関係など部活動の場におけるさまざまな優位性を背景に、適正な範囲を超えて、生徒に精神的・身体的苦痛を与えるまたは対象者らの学校環境を悪化させることがあれば、それはハラスメントに当たります。

　十年ほど前から、部活動で指導者が行うハラスメントが問題視されるようになってきています。これは、部活動における体罰を苦にした生徒が自ら命を絶ってしまうという事件が、実際に起きてしまったからです。しかし、そのような問題意識が高まっているにもかかわらず、依然として不適切な部活動指導が横行しています。いまだに日本各地で、部活動指導者の体罰や精神的攻撃が原因と思われる痛ましい事件が、いくつも起こっているのです。

　部活動指導は、指導する側に熱が入ってしまい、その結果として、知らず知らずのうちに加害者になっていることもあり得ます。だからといって、ハラスメントは決して許されることではありません。加害者の意図にかかわらず、被害者が苦痛を感じたら、それは「ハラスメント」と呼ばれるのです。

「運動部活動の在り方に関する総合的なガイドライン」（スポーツ庁、2018）および「文化部活動の在り方に関する総合的なガイドライン」（文化庁、2018）には、こうしたハラスメントの根絶を徹底することが定められています。次節では、まず、どのようなことがハラスメントに当たるのかを理解しましょう。

2 部活動指導に見られるハラスメントの実態

部活動におけるハラスメントは、大きく3つに分けることができます。物理的ハラスメント（体罰）、精神的ハラスメント（ひいきや罵倒など）、不適切な活動内容の設定、です。

1 物理的ハラスメントと精神的ハラスメント

まず、物理的ハラスメントとは、いわゆる体罰のことです。殴る、蹴る、頭をこずく、ほおを叩くなどに加え、直接人間を害するわけではない椅子を蹴る、靴を壁に投げるなどの行為もこれに該当します。

続いて精神的ハラスメントとは、相手の人権や尊厳を冒瀆するような発言や自信・自尊心を損なう発言を生徒に行ったり、無視したり、特定の生徒だけを褒めたりする（ひいき）行為です。過剰な叱咤や、不必要な大声、「やめちまえ」などの放棄的な言葉もこれに入ります。

これらのどちらもターゲットとなった生徒だけでなく、周りの生徒たちにも悪影響を及ぼし、後の人格形成にも大きく影を落とすことになりますので、絶対に行ってはなりません。なお、冗談であっても「へたくそ」「使えない」などの暴言を吐くことや、野球部員に頭を丸めることを強制するようなことも、ハラスメントに該当します。

② 不適切な活動内容の設定

　最後に、不適切な活動内容の設定とは、子どもたちの発達段階を考慮しない、過剰な量の練習の強要（体調を崩すほどの長時間の拘束、特定の練習の連続、罰として校庭30周走らせるなども含む）、不適切な条件での練習の強要（炎天下での練習、休憩をとらせないなど）のことです。

　例えば、元プロ選手である部活動指導員が、プロと同じ練習方法を効果的だと信じて高校生にやらせた結果、その生徒たちの体格や体力レベルから見ると明らかに負荷が大きく（オーバーワーク）、結果的にけがをしてしまったとすれば、これもハラスメントに該当します。音楽系部活動で毎日の放課後練習に加え、土・日曜日も8時間以上拘束がある例を聞きますが、これもハラスメントに当たります。

　物理的ハラスメント・精神的ハラスメントについての理解は近年進んできましたが、この3種類目のハラスメントに対する理解はいまだ乏しいようです。文部科学省がまとめたところによれば、2017年度上半期だけでも、熱中症あるいは過負荷の練習による死亡を含む事故が4件も報告されています。

　生徒たちの体はまだ発達段階で、成人と同等に見えても、実はそうではありません。この時期の過度な練習は、体に過度な負担を与え続けることで痛みが起こるスポーツ障害や、一時的に強い外力が加わることで起こるスポーツ外傷を引き起こす一因になります。これらはプレイ中だけ症状が出る場合もあれば、日常生活に支障をきたすほどひどい場合もあり、十分な注意が必要です。

③ その他の注意点

　また、学生時代には勉強や将来設計も大切です。部活動の拘束時間が長すぎて、学生の本分である勉学に集中する時間や将来について考える時間がなかったり、友だちとの交流がやりにくくなったりすることも問題です。技術向上のためにはある程度の練習は必要ですが、学業や交友

関係への支障やスポーツ障害を引き起こすほどの過度な練習量は避けなければならないことを肝に銘じておきましょう。

なお、部活動の中でのセクハラも報告されています。例えば、男性指導者が女子生徒に連絡先を教えるよう迫ったり、女子生徒の前で着替えたりした場合、セクハラとなる可能性があります。

4　指導者以外によるハラスメント

ところで、部活動におけるハラスメントは、指導者だけが行うとは限りません。他の生徒たち（いじめ）、保護者（虐待）、応援席の先輩たちや保護者集団もまたハラスメントの加害者になり得ます。例えば、試合でミスをした生徒に応援席の保護者や先輩たちが浴びせる罵声や、部活動内で技術の劣るメンバーを見下す態度もまたハラスメントに当たります。

さらに、指導者によるハラスメントと部員たちなどによるハラスメントは、たいていの場合、連動します。学級を中心としたいじめの発生率にリーダーである教師の指導スタイルが大きく影響するように、指導者の言動がさまざまな形で部員たちやその保護者たちに影響し、チームの雰囲気を作っていくのです（例えば、Horn, 2008）。そして、部員はなかなか指導者のやり方に異を唱えられませんから、誰からも意見が出なければ、指導方針に賛同していると考えた指導者がますますそのやり方を強めるという悪循環も考えられます。

3　部活動指導に見られるハラスメントと法律

ハラスメントという言葉は「いやがらせ」と訳されるため、軽く捉えられてしまい、部活動として「仕方のないこと」だと考えられる場合もあります。しかし、それは大きな間違いです。ハラスメントは、いじめ

と同じように、さまざまな法律に抵触する許されない行為です。ここでは、具体的にどのような法律が関係するのか見ていきましょう。

1　日本国憲法

　まず、基本的人権の享有について述べた日本国憲法第11条です。基本的人権とは「生まれたときから人間が当然持つべき権利」を指し、平等や精神・表現の自由、人間らしい生活を送るための社会的権利などが挙げられます。

　ハラスメントは、この基本的人権を侵すものであり、許される行為ではありません。スポーツ庁も「運動部活動の在り方に関する総合的なガイドライン」（2018）の中で、殴る蹴るといった暴力はもちろん、生徒の人間性や人格の尊厳を損ねたり否定したりする発言や行為は許されないものだと明記し、注意を促しています。

2　刑法

　次に、もう少し具体的な刑法を見ていきましょう。物理的なハラスメントは刑法第204条「傷害罪」や第208条「暴行罪」に該当します。傷害罪とは、相手を傷つけるなどの傷害行為に対する罪をいいます。たとえ相手がけがをしなくても暴力をふるったこと自体が罪に問われるのですが、これを暴行罪といいます。身体を拘束する、脅しのために石などを投げる、近くで太鼓や鉦を打ち鳴らすなどの行為もこれに該当します。

　暴力を振るわなくても、相手に何かを強要した場合には、刑法第223条「強要罪」や第222条「脅迫罪」に該当します。強要罪とは、暴行・脅迫を用いて人に本来義務のないはずのことを行わせ権利の行使を妨害する罪であり、脅迫罪とは、生命・身体・自由・名誉または財産に対し害を加える旨を告知して人を脅迫する罪です。たとえ体を大きくすることがその生徒のためになると信じていたとしても、過分な量の食事を無理に食べさせることは強要罪に当たります。また、長時間立たせて練習

を見学させる罰や、自主練の強要、「練習に来ないならやめさせる」といった脅しがこれに当たります。

　一方、いわゆる「言葉の暴力」も、法律に触れる行為の一つです。生徒を侮辱したりバカにしたりする言葉の暴力は、刑法第230条「名誉毀損」、第231条「侮辱」などに当たり、それぞれ禁固刑や罰金が科せられます。

　いずれにも共通することは、たとえ無意識であっても、こうした行為は罪に当たるということです。「生徒のため」「部活動のため」と思っていたことが、実は生徒に大変な苦痛を強いている場合があります。そうした点を肝に銘じ、多角的な目線で部活動指導に臨みましょう。

4　ハラスメントが部活動運営・指導・生徒の心身に与える影響

　特に運動部で起こりやすいといわれるハラスメント。その影響を受けるのは、他ならぬ生徒たちです。ハラスメントを受けた経験がその生徒や部全体に与える影響について考えていきましょう。

1　生徒への影響

　ある調査によると、運動部における体罰の影響として、意見が言えないなど行動が委縮的になり、指示を待つ消極的な態度が形成されることが挙げられており、さらには、該当スポーツを見ることができなくなってしまうケースもあることが指摘されています（阿江、2014）。ある特定の活動にある時期までは熱心に取り組んでいたが、何かのきっかけで意欲が消失してしまう「バーンアウト」（燃え尽き症候群：久保、2004）につながることも考えられます。他にも、人目を気にしやすいといった対人不安も、ハラスメントによって引き起こされやすいマイナス要因の一つです。このように、ハラスメントを受けた生徒は、その活動に対す

る意欲のみならず、さまざまなことに対する積極性や自己肯定感を失ってしまう可能性があるのです。

　指導者からのハラスメントは、部員同士のいじめや否定的な雰囲気を増大し、部員たちの否定的な精神的健康状態につながりやすいことが、運動部対象の調査で性別・競技形態を問わず確認されています（ただし、特にチーム競技において強固である）。これは、ミスした生徒に対する指導者の否定的な態度が、「いじめ」を容認しているとも捉えられてしまうからだと考えられます。部活動における嫌な体験は不登校につながることも分かっていますので（文部科学省、2014）、慎重な対応が必要です。

　部活動は、本来生徒の健全な育成のために行われるべきものですが、これでは全く逆効果です。だからこそ、ハラスメントが生徒に与える影響を常に頭の隅に置き、指導に当たることが望まれます。

▣　ハラスメントの発生率と問題点

　大学や専門学校の 1 年生 430 名に行った調査によると、運動部でこれまでに何らかのハラスメントを受けたことのある人は、男女ともに全体の 3 分の 1 にのぼりました。ただし、その多くは怒鳴られた、ひいきがあったといった経験であり、回数もそれほど多くはありませんでした。習慣的に殴られたり無視されたりしているケースは稀で、言葉や態度によるものが多いことが分かります。

　この調査において、高校時代に運動部指導者によるハラスメント経験が少ないほど、卒業後にスポーツにポジティブな感情を持っていることも明らかになりました。指導者の振る舞いが、後のスポーツとの関わりに大きく影響していることが分かります。

　ハラスメントの難しいところは、被害者が加害者の仕打ちに納得してしまうところです。大学生を対象に 2013 〜 2016 年度まで体罰経験について調査した尾見（2019）は、4 年間で体罰経験率は 50％から 20％に

減ったものの、体罰を受けた者のうち多く（80〜70％）が加害者の言動に納得していたと報告しています。つまり、指導者による体罰が正当化されていて、体罰を受けることをやむを得ない・必要だと考えているのです。暴力で育った子どもが暴力による教育を再生産してしまうように、スポーツ指導においても体罰の再生産が指摘されています（阿江、2000）。

5 部活動指導でのハラスメント発生要因

　以上、ハラスメントが持つ問題について述べました。対策を考えるために、本節では、ハラスメントはどんな時に起こりやすいのかを見ていきましょう。ハラスメントの発生要因は、大きく分けて4つあると考えられます。

1 勝利至上主義

　指導者がスポーツ・ハラスメントを行ってしまう最大の原因は勝利至上主義、すなわち「勝つことを求めすぎるあまり、他の大事なことをおろそかにしたり、ないがしろにしたりしてしまうこと」（尾見、2019、18頁）にあるのではないかと考えます。

　競技レベルが高い部ほど、ハラスメントが多くなる傾向にありますが（阿江、2000）、これは「強い」部活動ほど勝利が期待され、期待に沿うために勝ちを目指して頑張るからでしょう。勝ちを目指す結果として、指導者が勝利至上主義的な偏った指導を行ったり、スポーツ障害を引き起こすほどの過度な練習を強いたりし、その中で罵声や体罰による指導や上手な生徒の優遇などのハラスメントが起こりやすいのです。

　また、練習を怠けたりルールを逸脱したりしてチームの規範を破った者に対する制裁もよく耳にします（阿江、2014）。つまり、体罰根絶が

うまく進まない理由の一つに「勝つためには厳しい指導が必要」という信念を指導者だけではなく、生徒や保護者も持っていることがあるのでしょう（長谷川、2016）。大会や試合などがあり、競技力や結果が求められることが多い運動部および音楽系の部においてハラスメントのリスクが高いことも、同じように説明できます。

　指導者が技術力が低い生徒やミスをした生徒に対して過度に叱責したり冷遇したりしていると、技術力が高い者ほど優れているという価値観が育ち、部内格差の風土を作ることにもつながりかねません。実際に運動部経験者を対象にした調査において、指導者の勝利至上主義が部内格差や部内いじめを促進させることが示されています。

　また、指導者としては、勝つことで指導者としての自分の実績を残したいという人もいるでしょう。自分が指導した生徒たちに愛着があり、とにかく「勝たせたい」と感じる人もいて、これは、自然な気持ちだと思います。

　けれども、それが本当に生徒たちに必要な指導なのでしょうか。部活動の本当の目的は何だったかをここで思い出してほしいものです。部活動とは学校教育の一環であり、その目指すところは生徒の健全な育成であったはずです。常に生徒のためを考える、スポーツでいうところのプレイヤーズ・ファースト（選手優先）の意識が大切です。

　実際に生徒たちに対して、「なぜ部活動に参加したのか」と尋ねると、チームワークや協調性・共感を味わうことや、体力や運動能力を向上させるためという理由が上位に挙がり、保護者も「社会性の育成」を望んでいるという結果が出ています（スポーツ庁、2018）。

　ただ、勝ちを大事にする姿勢は間違いではありません。そのための練習や準備をすることによる成長があるからです。しかし、勝ちという「結果」にこだわることは、子どもたちを追い詰めてしまうことにつながりがちで生産的ではありません。あくまでも勝ちまでの「過程」を大切にしているかを常に注意するようにしましょう。

② 努力信仰

　ハラスメント発生要因の2つめが努力信仰、つまり、努力すれば何でも叶うと信じることです。日本人は努力が大好きで、筆者も上杉鷹山の「為せば成る　為さねば成らぬ何事も　成らぬは人の為さぬなりけり」という歌は自分への戒めとして頭のどこかに持っています。しかし、実際のところ、「練習しなければできない」は正しいのですが（だから努力はしておいた方がよい）、それは「たくさん練習したらできるようになる」と同じではないのです。だから、「できていない事実」を見て、努力していないからだと考えるのは短絡です。

　また、例えば、「シュートを外したらグラウンド10周」のような精神性を重視した指導をする人がいます。この指導者は悔しいという気持ちから発奮してくれることを期待しているわけですが、本当に技術を向上させたければ適切なフォームでシュートを100本打たせた方がよほどよいでしょう（尾見、2019）。

　これまで運動や技能を習得する場面では、量をこなすことがよいとされる風潮がありました。けれども、こうした考えは幻想で、練習は多ければ多いほどよいわけではないことは科学的に証明されています。例えば、運動の学習について、外力がかかった状態で線を引くという課題をこなし、次の日にその内容が定着しているかどうかを測る実験では、4時間休憩をとった条件の方が、休憩なしや休憩を1時間以下とした条件よりも運動の定着度が高くなっていました（Brashers-Krug et al. 1996）。つまり、新しい動作の習得には、休憩を十分にとった方が効果的なのです。

　また、どのような効果があるかを意識することが大変重要であることを示した研究もあります。ボストンのホテルの清掃係に、部屋の清掃作業（1日15部屋を担当していた）にはエクササイズ効果があるという情報を与えると、一カ月後の知覚された運動量が上がっていただけではなく、体重・血圧・体脂肪・肥満度が減るという形で生理指標にも影響

が出ていました（Crum & Langer, 2007）。自分たちが取り組んでいることをどのように解釈するかによる効果を実証したもので、意識して運動すると、しない時よりも効果が上がることを意味しています。そのため、例えば、シュート練習などでともかく数をこなすよりも、短い時間で集中して、何のためにするのか、どのような効果があるのかなどをしっかり考えながら行うことの方が大切です。

　これは、勉強や他の技術（音楽の演奏など）にも当てはまります。例えば、楽器を習ったことがある人はピンとくるのではないかと思いますが、楽器の練習でどうしてもうまく弾けない箇所がある場合、闇雲に通し練習をしてもなかなかうまくいきません。同じ箇所でいつも詰まってしまいます。そうではなく、間違えやすい箇所だけをゆっくり意識しながら何度も練習し、ある程度できるようになってから通して弾いた方がうまくできます。身体を使うことだから実践あるのみという考え方は、現代では通用しないのです。

③　活動の種類

　ハラスメント発生要因の3つめは、活動の種類です。スポーツにおけるハラスメントについて調べた研究では共通して、テニスや陸上などの個人スポーツよりもバレーボールや野球などのチームスポーツでハラスメントがよく見られることが示されています（阿江、1990；佐々木、2015；冨江、2008）。チームスポーツで勝利を上げるには集団全体をコントロールする必要性が高く、ハラスメントはその手段として即効性があり、かつ安易に実行できるからだというのが一つの理由でしょう（冨江、2008）。また、チーム内で目指すべき目標が分かれ、その結果、ハラスメントが起こることもあります。

　ゲームなどについて、集団同士で競う時、個人同士で競うよりも攻撃的になることを示した社会心理学実験があります。文化部についても、おそらく同じように、集団で一つのものを作り上げる部において、集団

として競い合うことが少ない部よりも、ハラスメントが起こりやすいと思われます。

4 指導者のストレス

最後に、指導者本人のストレスや生活満足度も、ハラスメント発生に大きく関係します。指導者が何らかのストレスを抱えていたり、生活に満足できていなかったりすると、それが指導の態度にも現れやすくなるのです。人間ですから、ある程度感情が行動に現れてしまうのは仕方のないものです。しかし、それが指導に大きく影響し、ハラスメントによって一種の「憂さ晴らし」あるいは「自己実現」が起こっているような状況は、指導者として正しい姿とはいえません。自分自身の心身の調子をしっかり整えるように心がけましょう。

部活動指導員として生徒の前に立つ皆さんは、ぜひこれらの調査結果を踏まえて、ハラスメントが起こらない指導を心がけてください。

6 部活動指導でのハラスメント予防

それでは、具体的にどのようにすれば部活動でハラスメント予防が可能となるでしょうか。前節のハラスメント発生要因に対応する形で、検討してみましょう。

1 勝利至上主義から人間性形成への転換の周知徹底

第4章でも述べましたが、部活動はあくまでも学校教育の一環として行われており、課程外の活動であったとしても、学習指導要領との関連が求められます。しかし多くの指導者は、自身の部活動経験に基づいて部活動運営を行う傾向がありますので、部活動の目標について繰り返し意識するように心がけてください。第4章の部活動マネジメントのとこ

ろでも触れていますが、部活動の意義をスポーツマネジメントや学習指導要領、学校の教育目標に照らし合わせて確認してください。そしてこの部活動の意義や目標を部員や保護者を含めて共有し、部活動の運営として姿勢を貫くことが大切です。

　そのためには、学校における部活動の在り方を校長が示すことが望まれます。そしてここで重要なことは、指導者は、例外を作らないように努めることです。「この部活動は全国大会に出場しているから、練習時間が長くても、厳しくてもしようがない」というような例外を一つ作ると、それは「強い部活動は練習が長く、厳しいものだ」ということをメッセージとして発信することになってしまいます。ハラスメントの予防には、ハラスメントでない価値観を醸成していくことが大切なのです。

　特に今まで勝利至上主義で勝ちをつかんできた強いチームの場合、新しい価値観を取り入れることには抵抗が生まれるかもしれません。抵抗は、部員から生まれるかもしれないですし、保護者から生まれるかもし

図9-1　保護者向けの研修会（右側が筆者）

筆者提供

れません。もし新しい価値観を受け入れてくれないようであれば、専門家の力を借りるとよいでしょう。

　コラム②で紹介されているPCAでは、多くのチームに講師を派遣しています。第4章でも紹介していますが、サンフランシスコのあるチームでは、シーズンの初めにPCAの講師を招いて保護者を対象に研修会を実施し、応援の仕方、親としての振る舞い方を伝授しています。図9-1は、筆者がバスケットボールチームで研修を行っている様子です。保護者に問いかけ、子どもたちにとってのスポーツの意義を一緒に考えていきます。

② 部員主体の部活動運営へ

　新学習指導要領では、①学びに向かう力（人間性）、②知識・技能、③思考力・判断力・表現力、の3つの資質・能力を形成する方法として、主体的・対話的なアクティブラーニングが推奨されています。これは部活動の運営においても当てはまります。生徒自身が主体的に考え、生徒同士、そして指導者と生徒が対話的に練習方法や試合の組み方、選手選抜の方法などを考えてみるよう試みてください。第4章には、静岡聖光学院ラグビー部の例や部活動サミットの例を紹介していますので、ぜひ参考にしてみてください。

　さて、皆さんが部員主体の部活動運営に共感し、部員主体の運営方法を取り入れようとする場合、突然一方的に導入するのではなく、部員や保護者にもきちんとその目的を伝えていきます。それも一度説明するのみではなく、何度も折を見て伝えていきます。ミーティングを開いたり、保護者へは部活動だよりを作成したりとさまざまなチャンネルを使って、部員が主体的・対話的に部活動に参加している様子、その効果などを伝えていけるとよいでしょう。

3　研修による最新の知識の獲得

　ハラスメントの要因として、指導者自身の過去の部活動経験が影響していることが明らかになっています。また、部活動という集団の規律が求められるところに、発達障害の傾向がある生徒や発達協調性運動障害の不器用さを持つ生徒がいると、「努力不足」や「ふざけている」と勘違いされ、過度の指導のターゲットになってしまうことがあります。このことは裏を返すと、指導者側も部員との関係の持ち方や指導方法に戸惑いを感じているといえます。

　中学校の運動部の顧問のストレッサーに関する研究（古川他、2016）では、ストレスの原因になるものとして「部活動の時間的負担」「部員との意思疎通の困難」「保護者の批判的態度」「他の指導者との人間関係の悪さ」「指導時間の不足」「活動意欲の低い部員」「学校内雰囲気との相違」という7つの側面が抽出され、その中には「部員との意思疎通の困難」が挙がってきました。つまり、多様な部員を理解して関係性を築いていくことが指導者にとっては大きなストレッサーとなっているのです。

　そこで、より多様な生徒を理解するためにも、コーチング、合理的配慮、指導方法などの最新の知見を学べる研修などを定期的に受講することが望ましいでしょう。本来ならば、研修が公的に制度化されていることが理想ですが、もしまだ研修体制が整備されていないのならば、部活動指導員から積極的に興味深い研修を見つけて参加してみてください。知識は武器となり、不必要なハラスメント的対応の防波堤となってくれます。

4　指導者や部員の自己理解

　ハラスメントの発生要因として、指導者自身の偏った信念や、これまでに指導者自身が受けてきたスポーツ指導の内容、指導者自身の性格などが関連することは前述した通りです。そこで、まず指導者自身が自分の特徴を自己理解しておくことがハラスメント防止の第一歩となります。

心理臨床では、相手を知るためや自己を知るために、心理アセスメントを行います。専門的な心理アセスメントは指導者自身で行うことは難しいかもしれませんが、簡易なチェックリストなどを使用して自己理解を深めることができます。部活動の指導者用ではないのですが、厚生労働省が「パワハラ」の管理職用チェックリストとして下記の項目を挙げています。「部下」を「部員」と置き換えて読んでみてください。

① 部下や年下の人から意見を言われたり、口答えをされたりするとイラッとする。
② 自分が間違っていたとしても、部下に対して謝ることはない。
③ 自分は短気で怒りっぽいと思う。
④ 感情的になって、すぐその場で叱っている。
⑤ 厳しく指導をしないと、人は育たないと思っている。
⑥ なんとなく気に入らない部下や目障りと感じる部下がいる。
⑦ 仕事のできない部下には、仕事を与えないほうが良いと思う。
⑧ 業績を上げるためには、終業時刻間近であっても残業を要請するのは当然だと思う。
⑨ 部下が自分の顔色を窺っているような雰囲気がある。
⑩ できる上司は、部下の家庭環境などプライベートな詳細情報まで把握しているものだと思う。
⑪ 学校やスポーツで体罰をする指導者の気持ちは理解できる。

(厚生労働省「管理職用 チェックリスト」)

いくつ当てはまりましたか。このチェックリストの解説では、「3項目以上該当したら要注意。日頃の言動に注意するとともに、一度、パワーハラスメントの具体例に関する研修やパワーハラスメント問題を防ぐ指導法に関する研修を受けることをお勧めします」と書かれていますので、参考にしてください。

　自己理解や自己コントロールに関する研修としては、日本中学校体育連盟（日本中体連）がさまざまな研修を実施しています。特に夏の研修は、数日間に及び、部活動指導の技術面や生徒理解、部活動運営などについての講座が用意されています。この数日間の講座には、全国の部活動の顧問の先生が集まって参加します。

　筆者は、半日の研修として「アンガーマネジメント」の講座を担当しました。この講座では、ストレスチェックを用いて、指導者のストレス反応としての抑うつ感、不安感、無気力感、攻撃性など自分の特徴を確認します。そして指導者にとって何がストレスの原因になっているのか、どうすればストレスをためなくてすむのか（コーピングの視点）を皆で話し合います。

　このように指導者が自身の性格の特徴を知っておくことで、自己理解につながり、自分の感情とうまく付き合う方法を学んでいくことができます。自分がどのような価値傾向にあるのか、どのような性格であるのか、どのようなことがストレス要因となっているのかを客観的に理解しておくとよいでしょう。

　「自分を知る」ことは、指導者だけではなく、部員自身にも有効です。スポーツの分野では、さまざまなメンタルトレーニングが開発されています。どのようなメンタルトレーニングであれ、まずは「自分を知る」ことからスタートします。部員自身に、精神的負荷が強まったらどのような行動に出てしまうのか、どのような感情が生じるのか、どのような身体的症状が生じるのかを振り返ってもらうとよいでしょう。「自分を知る」ことは、ハラスメントをしない、ハラスメントを受けないことにもつながっていきます。

　指導者の自己理解や部員の自己理解には、藤後他が作成した運動選手や運動指導者用のメンタルトレーニングワークシートがあり、無料でダウンロードできます（図9-2）。文化部にも応用可能ですので、参考にしてください。

図9-2 メンタルトレーニングワークシート

筆者作成（https://togotokyo101.wixsite.com/mysite/1 2020年8月31日アクセス）

5　指導者や部員へのサポート

　部活動の指導を行う中で、指導の結果がなかなか出なかったり、部員
との関係がうまくいかなかったり、部活動と他の仕事とのバランスが難
しかったりすることがあります。部員自身や保護者にも同じように、う
まくいかなかったり、感情がコントロールできなかったりすることがあ
るでしょう。過度に攻撃的になったり、無気力な状態が続くようだった
ら、早めに誰かに相談をするということを部活動の中で伝えていくとよ
いでしょう。特に無気力や不安感が高まりやすい部員の場合、周囲から
気づかれない可能性も高く、ある日突然、部活動を辞めたり、不登校に
なったりということがあり得ます。

　困った時に相談できる体制、「相談してもよい」という雰囲気を作っ
ていくことは、指導者によるハラスメント、部員同士のハラスメント、
親子間のハラスメントの予防に役立っていきます。指導者の皆さんも、
困ったらぜひ誰かに「相談」してみてください。先輩の部活動指導員でも、

顧問の先生や学年の先生、校長先生などでも構いません。「相談」することは問題解決の第一歩となります。

　部活動指導員は、部員や保護者に、部活動に関する悩みが生じた場合は気軽に相談に来てほしいと伝えるとよいでしょう。その際、具体的な「相談」ルートを伝えてあげると、部員も保護者も安心します。例えば、何曜日の何時だと部活動指導員や顧問が職員室にいるので、電話での相談や来校での相談に対応が可能であることなどです。言いづらい悩みだと、スクールカウンセラーや保健の先生も対応可能だということなどを伝えるとよいでしょう。有効なサポートのためには、早期発見が欠かせません。

　また、悩みやストレスの早期発見には、定期的にストレスチェックや個人面談などを取り入れることも有効です。一対一で話すことで部員の様子を把握しやすく、部員も話を聞いてもらえていることでサポートを感じます。ある部活動では、部員の部活動日記などの端に、①今日の気分：非常によい、よい、ふつう、わるい、非常にわるい、②今日の体調：非常によい、よい、ふつう、わるい、非常にわるい、など簡単にチェックできる欄を作っておき、毎回チェックしてもらう工夫を行っています。

　最後に、指導者や部員への最大のサポート方法をお伝えします。それは、部活動に関わっている全ての人が「相手のことを認め合う」を実践することです。お互いに相手を認め合うことで、自尊感情や自己効力感が生まれてきます。自尊心や自己効力感が高い人は、ハラスメントを起こしにくいのです。自尊心や自己効力感が低いからこそ、他者をコントロールし自己の優越感を高めようするのです。指導者からのサポートは部員間のハラスメントを軽減することも実証されています。

　自尊心や自己効力感を高めるためにも、指導者も部員も含めたお互いの良さを伝え合う部活動ノートの活用や肯定的なコメントを伝え合うミーティングの工夫など、人間関係のポジティブな側面を強化する工夫を行ってみてください。

復習問題

① 次のA〜Eの文章を読み、本文の内容と一致していれば〇、一致していなければ × をつけましょう。

 A ハラスメントは、いわゆる体罰など物理的なものが主に問題となる。

 B 競技レベルが高いほど、ハラスメントが多い傾向にある。

 C 部活動の存在価値は勝利することにある。

 D 加害者が「ハラスメントだ」と思わずに行った行為に関しては、ハラスメントと認められない。

 E ハラスメントを受けた生徒は対人不安に陥りやすく、消極的態度が見られる傾向があることが実証されている。

② ハラスメントの予防のために部活動指導員ができる工夫とは、どのようなものが考えられますか。

復習問題の解答

第1章

❶ 学習指導・生徒指導／生徒指導に入る

❷ C　　❸ D

第2章

❶ B・D・E　　❷ 基準　　❸ B　　❹ A・D

❺ A×　B○　C○　D×　E○

第3章

❶ 運動部加入率…D　文化部加入率…B

❷ すべて　　❸ A○　B×　C○　D×

第4章

❶ スポーツマネジメント…人々のスポーツ生活の豊かさの実現を目指
　して、質の高い文化としてのスポーツを創造し供給する（こと）
　アートマネジメント…人々の芸術・文化生活の豊かさの実現を目指
　して、質の高い文化・芸術を創造し供給する（こと）

❷ すべて　　❸ A×　B×　C○　D×　E×

❹ A○　B×　C×　D×

第5章

❶ C　　❷ A×　B○　C×　D○　　❸ C・E・F

❹ A○　B×　C×　D○

第6章

❶ A 生殖型 B 一般型 ❷ （省略）

❸ A○ B× C○ D×

第7章

❶ 内的かつ不安定的

❷ 具体的で適切な難易度になっている目標

❸ 過程を褒めること・行為そのものを叱ること

第8章

❶ 体力トレーニング・技術トレーニング・戦術トレーニング・
メンタルトレーニング

❷ 原志向位相・探索位相・偶発位相・形態化位相・自在化位相

❸ （省略）

❹ 部の目標・活動の年間スケジュール・生徒の様子・指導日ごとの指
導内容と指導時間

❺ カウンセリングマインド

第9章

❶ A× B○ C× D× E○

❷ （例）勝利至上主義から人間性形成へ・部員主体の部活動運営へ・
指導者や部員の自己理解・ストレスマネジメントやアンガーマネジ
メントを取り入れる・最新の知識を取り入れる・サポート体制を構
築する

引用文献

■スポーツ庁「運動部活動の在り方に関する総合的なガイドライン」2018年
■文化庁「文化部活動の在り方に関する総合的なガイドライン」2018年

第1章

■文部科学省　学校における働き方改革特別部会（第6回）資料5-2「学校の組織図（例）」2017年
■文部科学省　中央教育審議会「チームとしての学校の在り方と今後の改善方策について（答申）」2015年

第2章

■市川須美子他『教育小六法2020年版』学陽書房　2020年
■公益財団法人 日本ユニセフ協会「子どもの権利とスポーツの原則（第3版）」2019年
■東京都教育委員会「生徒のバランスのとれた心身の成長や学校生活に向けて：部活動に関する総合的なガイドライン」2019年
■東京都教育委員会『部活動顧問ハンドブック：児童・生徒の充実した学校生活の実現に向けて』東京都教育庁指導部指導企画課　2007年
■友添秀則「変わる学校スポーツ 第1回：『運動部活動の在り方に関する総合的なガイドライン』の背景」日本スポーツ協会『Sport Japan』vol. 37　pp. 40-41　2018年a
■友添秀則「変わる学校スポーツ 第3回：『運動部活動の在り方に関する総合的なガイドライン』の背景③」日本スポーツ協会『Sport Japan』vol. 39　pp. 42-43　2018年b
■西島央編著『部活動：その現状とこれからのあり方』学事出版　2006年
■文部科学省「運動部活動での指導のガイドライン」2013年
■文部科学省　教育課程部会　総則・評価特別部会（第5回）参考資料2「学習指導要領等の構成、総則の構成等に関する資料」2016年
■文部科学省「高等学校学習指導要領（平成30年告示）」2018年
■文部科学省「高等学校学習指導要領（平成30年告示）解説 保健体育編 体育編」2018年
■文部科学省「スポーツ基本法 リーフレット」
（https://www.mext.go.jp/sports/content/1310250_01.pdf 2020年8月21日アクセス）
■文部科学省「中学校学習指導要領（平成29年告示）」2017年
■文部科学省「中学校学習指導要領（平成29年告示）解説 保健体育編」2017年

第3章

■学校管理職試験研修所　教育法規超基礎講座「教員の服務　信用失墜行為とは？」
（https://kyouikunohouritu.com/ 2020年8月21日アクセス）
■国立教育政策研究所編『教員環境の国際比較：OECD国際教員指導環境調査（TALIS）2018報告書：学び続ける教員と校長』ぎょうせい　2019年
■作野誠一「外部指導者導入のメリットと課題」『コーチングクリニック』9月号　pp. 12-15　2017年
■スポーツ庁「平成29年度 運動部活動等に関する実態調査報告書」東京書籍　2018年
■スポーツ庁　運動部活動の在り方に関する総合的なガイドライン作成検討会議（第1回）資料2「運動部活動の現状について」2017年a
■スポーツ庁「学校教育法施行規則の一部を改正する省令の施行について（通知）」28ス庁第704号　2017年b
■西島央「部活動の社会的意義と課題」笹川スポーツ財団　2016年

■文化庁　文化部活動の在り方に関する総合的なガイドライン作成検討会議（第2回）資料2「『文化部活動の実態把握に関する調査』アンケート結果」2018 年

■文部科学省「体罰根絶に向けた取組の徹底について（通知）」25　文科初第 574 号　2013 年

第4章

■岩崎夏海『もし高校野球の女子マネージャーがドラッカーの「マネジメント」を読んだら』（新潮文庫）新潮社　2015 年

■大矢幸世・岡徳之「週3回・1時間の『時短部活』で全国大会へ。部活の常識を覆した 18 歳、ラグビー部員の奮闘」iX キャリアコンパス　2019 年

（https://ix-careercompass.jp/article/932/ 2020 年8月 21 日アクセス）

■スポーツ庁「『部活動サミット 2018』リポート！"効率的な部活動"は生徒たちの『主体性』がキーワード」スポーツ庁 Web 広報マガジン『DEPORTARE』　2018 年

■ドラッカー , P. F. 著　上田惇生編訳『マネジメント：基本と原則（エッセンシャル版）』ダイヤモンド社　2001 年

■中澤篤史・西島央・矢野博之・熊谷信司「中学校部活動の指導・運営の現状と次期指導要領に向けた課題に関する教育社会学的研究：8都県の公立中学校とその教員への質問紙調査をもとに」『東京大学大学院教育学研究科紀要』48 巻　pp. 317 - 337　2008 年

■文化庁　第5期文化政策部会（第4回）資料3「アートマネジメント人材の育成及び活用について（論点整理案）」2007 年

■文部科学省「新しい学習指導要領の考え方：中央教育審議会における議論から改訂そして実施へ」2017 年

■文部科学省　教育課程部会　総則・評価特別部会（第5回）資料2 - 2「アクティブ・ラーニングの視点と資質・能力に関する参考資料」2016 年

■柳沢和雄・清水紀宏・中西純司編著『よくわかるスポーツマネジメント』ミネルヴァ書房　2017 年

第5章

■公益財団法人 日本スポーツ協会「日本スポーツ協会公認スポーツ指導者概要」2005 年

■杉原隆『新版 運動指導の心理学：運動学習とモチベーションからの接近』大修館書店　2008 年

■総務省「平成 30 年通信利用動向調査の結果」2019 年

■遠山健太・小俣よしのぶ「専門的なスキルの前に基礎的な運動スキルを身に付ける」『コーチング・クリニック』6月号　pp. 16 - 19　2016 年

■遠山健太「球児はいつから筋トレを始めていいの？身長発育曲線より考察」『BASEBALL GEEKS』　2019 年

（https://www.baseballgeeks.jp/training/%E3%82%A6%E3%82%A7%E3%82%A4%E3%83%88%E3%83%88%E3%83%AC%E3%83%BC%E3%83%8B%E3%83%B3%E3%82%B0%E3%81%AF%E3%81%84%E3%81%A4%E3%81%8B%E3%82%89%E5%A7%8B%E3%82%81%E3%81%9F%E3%82%89%E3%81%84%E3%81%84%E3%81%AE/ 2020 年 8 月 21 日アクセス）

■日本トレーニング指導者協会編著『トレーニング指導者テキスト 実践編（改訂版）』大修館書店　2014 年

■宮下充正『子どもに「体力」をとりもどそう：まずはからだづくりだ！』杏林書院　2007 年

■脇田里子・越智洋司「内発的動機づけを高める自己評価の試み（フレキシブル・ラーニングのための学習支援と評価（Ⅱ）：第Ⅰ部 平成 14 年度、15 年度の研究課題）」『研究報告』pp. 117 - 123　2003 年

■Thompson, J., *The Double-Goal Coach*, Quill A Harper Resource Book, 2003.

第6章

■倉石哲也・伊藤嘉余子監修　伊藤篤編著『保育の心理学』ミネルヴァ書房　2017年

■サリヴァン，H. S. 著　中井久夫・山口隆訳『現代精神医学の概念』みすず書房　1976年

■須田立雄・小澤英浩・髙橋榮明編著『新骨の科学（第2版）』医歯薬出版　2016年

■手塚洋介・上地広昭・児玉昌久「中学生のストレス反応とストレッサーとしての部活動との関係」『健康心理学研究』16巻2号　pp. 77-85　2003年

■日本学術会議　健康・生活科学委員会　健康・スポーツ科学分科会「提言 子どもを元気にする運動・スポーツの適正実施のための基本指針」2011年

■日本小児整形外科学会スポーツ委員会編著『成長期のスポーツ障害：早期発見と予防のために』2010年

■保坂亨・岡村達也「キャンパス・エンカウンター・グループの発達的・治療的意義の検討」『心理臨床学研究』4巻1号　pp. 17-26　1986年

■文部科学省「平成30年度 児童生徒の問題行動・不登校等生徒指導上の諸課題に関する調査結果について」2019年

■山崎史恵・中込四郎「スポーツ競技者における食行動パターンごとの身体像の特徴」『体育学研究』43巻3-4号　pp. 150-163　1998年

■Adirim, T. A., & Cheng, T. L., "Overview of injuries in the young athlete", *Sports Medicine*, vol. 33, pp. 75-81, 2003.

■Rauch, F., Bailey, D. A., & Baxter-Jones, A. et al. "The 'muscle-bone unit' during the pubertal growth spurt", *Bone*, vol. 34(5), pp. 771-775, 2004.

■Rosenthal, R., & Jacobson, L., *Pygmalion in the classroom: teacher expectation and pupils' intellectual development*, Holt, Rinehart & Winston, 1968.

■Scammon, R. E., "The measurement of the body in childhood", *The measurement of man*, University of Minnesota Press, 1930.

第7章

■鹿毛雅治編『モティベーションをまなぶ12の理論：ゼロからわかる「やる気の心理学」入門！』金剛出版　2012年

■鹿毛雅治『学習意欲の理論：動機づけの教育心理学』金子書房　2013年

■チクセントミハイ，M. 著　今村浩明訳『フロー体験 喜びの現象学』世界思想社　1996年

■東京都教職員研修センター「自尊感情や自己肯定感に関する研究（5年次）」『平成24年度 東京都教職員研修センター紀要 第12号』2013年

■Locke, E. A., Latham, G. P., "Building a practically useful theory of goal setting and task motivation: a 35-year odyssey", *American Psychologist*, vol. 57(9), pp. 705-717, 2002.

第8章

■金子明友『わざの伝承』明和出版　2002年

■グロッサー，M.・ノイマイヤー，A. 著　朝岡正雄・渡辺良夫・佐野淳訳『選手とコーチのためのスポーツ技術のトレーニング』大修館書店　1995年

■坂上康博「スポーツ文化の価値と可能性：1960〜70年代の国際的な宣言・憲章を中心に」『一橋大学スポーツ研究』33巻　pp. 72-79　2014年

■佐島群巳・小池俊夫編著『教職論：子どもと教育を愛する教師をめざす（新訂版）』学文社　2016年

■図子浩二「コーチングモデルと体育系大学で行うべき一般コーチング学の内容」『コーチング学研究』27 巻 2 号　pp. 149 - 161　2014 年

■スポーツ庁「平成 29 年度 運動部活動等に関する実態調査報告書」東京書籍　2018 年

■東京都教育委員会「生徒のバランスのとれた心身の成長や学校生活に向けて：部活動に関する総合的なガイドライン」2019 年

■友添秀則・岡出美則編著『教養としての体育原理：現代の体育・スポーツを考えるために』大修館書店 2005 年

■長沼豊編著『部活動改革 2.0：文化部活動のあり方を問う』中村堂　2018 年

■日本コーチング学会編『コーチング学への招待』大修館書店　2017 年

■日本体育学会監修『最新スポーツ科学事典』平凡社　2006 年

■バイヤー , E. 編　朝岡正雄監訳『スポーツ科学辞典：日独英仏対照』大修館書店　1993 年

第 9 章

■阿江美恵子「スポーツ指導者の暴力的行為について」『藤村学園東京女子体育大学紀要』第 25 号　pp. 9 - 16 1990 年

■阿江美恵子「運動部指導者の暴力的行動の影響：社会的影響過程の視点から」『体育学研究』45 巻 1 号　pp. 89 - 103　2000 年

■阿江美恵子「運動部活動における体罰が子どもに及ぼす影響」『体育科教育学研究』30 巻 1 号　pp. 63 - 67 2014 年

■尾見康博『日本の部活（BUKATSU）：文化と心理・行動を読み解く』ちとせプレス　2019 年

■久保真人『バーンアウトの心理学：燃え尽き症候群とは』サイエンス社　2004 年

■厚生労働省「管理職用 チェックリスト」
（https://www.no-harassment.mhlw.go.jp/pdf/checksheet01.pdf 2020 年 8 月 21 日アクセス）

■佐々木万丈「女子高校生スポーツ競技者への指導者による体罰の実態」『スポーツとジェンダー研究』13 巻 pp. 6 - 23　2015 年

■スポーツ庁「平成 29 年度 運動部活動等に関する実態調査報告書」東京書籍　2018 年

■冨江英俊「中学校・高等学校の運動部活動における体罰」『埼玉学園大学紀要 人間学部篇』第 8 号　pp. 221 - 227　2008 年

■長谷川誠「学校運動部活動における『体罰』問題に関する研究：体罰を肯定する意識に注目して」『神戸松蔭女子学院大学研究紀要 人間科学部篇』No. 5　pp. 21-34　2016 年

■古川拓也・舟橋弘晃・横田匡俊・間野義之「中学校運動部活動顧問教師のストレッサーに関する研究< BR >：運動部活動顧問教師用ストレッサー尺度の作成及び属性間による比較検討」『スポーツ産業学研究』26 巻 1 号　pp. 29 - 44　2016 年

■文部科学省「『不登校に関する実態調査』：平成 18 年度不登校生徒に関する追跡調査報告書」2014 年

■Brashers-Krug, T., Shadmehr, R., & Bizzi, E., "Consolidation in human motor memory", *Nature*, vol. 382 (6588), pp. 252 - 255, 1996.

■Crum, A. J., & Langer, E. J., "Mind-set matters: exercise and the placebo effect", *Psychological Science*, vol. 18 (2), pp. 165 - 171, 2007.

■Horn, T. S., "Coaching effectiveness in the sports domain", In T. S. Horn (Ed.), *Advances in sport psychology (3rd ed.)*, pp. 239 - 267, Human Kinetics, 2008.

索　引

著者紹介 （所属：分担／執筆順、＊は編著者）

小林 祐一（こばやし ゆういち）（東京未来大学こども心理学部准教授：第1章）

内田 匡輔（うちだ きょうすけ）（東海大学体育学部教授：第2章1〜3）

菊山 直幸（きくやま なおゆき）（公益財団法人 日本中学校体育連盟参与：第2章4〜6）

＊大橋 恵（おおはし めぐみ）（編著者紹介参照：第3章、コラム①、第9章1〜5）

＊藤後 悦子（とうご えつこ）（編著者紹介参照：第4章、第9章6）

小林 忠広（こばやし ただひろ）（NPO法人 スポーツコーチング・イニシアチブ代表理事：コラム②）

平間 康允（ひらま こうすけ）（札幌学院大学硬式野球部監督：第5章）

中村 美幸（なかむら みゆき）（順天堂大学大学院スポーツ健康科学研究科博士後期課程：第6章1）

谷田 征子（やつだ まさこ）（帝京平成大学大学院臨床心理学研究科准教授：第6章2〜3）

＊井梅 由美子（いうめ ゆみこ）（編著者紹介参照：第6章4〜6）

山田 洋介（やまだ ようすけ）（東京都公立学校スクールカウンセラー：コラム③）

中田 和秀（なかだ かずひで）（株式会社ERUTLUC スポーツ指導者：第7章）

村山 大輔（むらやま だいすけ）（至学館大学短期大学部准教授：第8章1〜4）

山田 美恵子（やまだ みえこ）（同朋大学社会福祉学部特任講師：第8章1〜4）

佐野 和彰（さの かずあき）（トランペット奏者、吹奏楽指導者、一般財団法人 ヤマハ音楽振興会講師：第8章5〜8）

編著者紹介

藤後　悦子（とうご・えつこ）

筑波大学大学院教育研究科修了、東京学芸大学大学院連合学校教育学研究科単位修得満期退学、筑波大学博士（学術）。

現　在　東京未来大学こども心理学部専攻長・教授。

主　著　『中学生のナーチュランスを形成する発達教育プログラム』
　　　　風間書房、2012 年。
　　　　『ワードマップコミュニティ心理学』（共著）新曜社、2019 年。

大　橋　　恵（おおはし・めぐみ）

東京大学大学院人文社会系研究科博士課程修了、東京大学博士（社会心理学）。

現　在　東京未来大学こども心理学部教授。

主　著　『自ら挑戦する社会心理学』（共著）保育出版社、2014 年。
　　　　『子ども学への招待：子どもをめぐる 22 のキーワード』（共著）
　　　　ミネルヴァ書房、2017 年。

井梅由美子（いうめ・ゆみこ）

お茶の水女子大学大学院人間文化研究科博士後期課程単位取得退学。

現　在　東京未来大学こども心理学部准教授。

主　著　『はじめて学ぶ心理学：心の形成・心の理解』（共編著）
　　　　大学図書出版、2015 年。
　　　　『保育と子ども家庭支援論』（共著）勁草書房、2020 年。

※ 3 人の共著として、
『ジュニアスポーツコーチに伝えたいこと』（勁草書房、2018 年）
『スポーツで生き生き子育て＆親育ち』（福村出版、2019 年）
がある。

部活動指導員ガイドブック ［基礎編］

2020 年 11 月 30 日　初版第 1 刷発行　　　　　〈検印省略〉

定価はカバーに
表示しています

	藤	後	悦	子
編著者	大	橋		恵
	井	梅	由美	子
発行者	杉	田	啓	三
印刷者	森	元	勝	夫

発行所　株式会社　ミネルヴァ書房

607-8494　京都市山科区日ノ岡堤谷町 1
電話代表　(075) 581 - 5191
振替口座　01020 - 0 - 8076

モリモト印刷

ISBN978-4-623-09046-4
Printed in Japan

よくわかるスポーツ文化論 ［改訂版］

井上　俊・菊　幸一編著

B5判　232頁
本体 2500 円

よくわかるスポーツとジェンダー

飯田貴子・熊安貴美江・來田享子編著

B5判　224頁
本体 2500 円

よくわかるスポーツマネジメント

柳沢和雄・清水紀宏・中西純司　編著

B5判　224頁
本体 2400 円

よくわかるスポーツ倫理学

友添秀則編著

B5判　202頁
本体 2400 円

よくわかるスポーツ心理学

中込四郎・伊藤豊彦・山本裕二編著

B5判　212頁
本体 2400 円

ミネルヴァ書房

https://www.minervashobo.co.jp/